COLLABORATIVE LEADERSHIP
SIX INFLUENCES THAT MATTER MOST

合作型领导力

影响最大的六个因素

[美] 彼得·德威特（Peter M. Dewitt）/ 著

林　臻 / 译

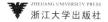

浙江大学出版社

图书在版编目（CIP）数据

合作型领导力:影响最大的六个因素 / [美]彼得·德威特著；林臻译
. —杭州:浙江大学出版社,2021.9

书名原文:Collaborative leadership:six influences that matter most
ISBN 978-7-308-19811-0

Ⅰ.①合… Ⅱ.①彼… ②林… Ⅲ.①领导学
Ⅳ.①C933

中国版本图书馆 CIP 数据核字（2019）第 277764 号

浙江省版权局著作权合同登记图字:11-2019-160 号

合作型领导力:影响最大的六个因素

[美]彼得·德威特 著　林　臻 译

责任编辑	吴伟伟 weiweiwu@zju.edu.cn
责任校对	杨利军　丁佳雯
封面设计	雷建军
出版发行	浙江大学出版社
	（杭州市天目山路 148 号　邮政编码 310007）
	（网址:http://www.zjupress.com）
排　　版	杭州隆盛图文制作有限公司
印　　刷	杭州钱江彩色印务有限公司
开　　本	710mm×1000mm　1/16
印　　张	10.5
字　　数	172 千
版 印 次	2021 年 9 月第 1 版　2021 年 9 月第 1 次印刷
书　　号	ISBN 978-7-308-19811-0
定　　价	48.00 元

道格拉斯·墨宁，感谢你一直以来的支持与陪伴

序　言

约翰·哈蒂

　　关于领导力模型的研究不少,似乎只要在"领导力"前面增加一个形容词就能组成一个新模型。那么,合作型领导力是否也代表一个新模型呢?如果是仅仅把已有观点按照新的等级进行排列组合,那么它显然是的。但如果只是论"合作"本质的类型,那么我们已经有了分布型领导力、变革型领导力的研究,还有很多涉及合作本质的领导力模型,那么显然它不算是。彼得·德威特对合作型领导力有他个人的鲜明阐释,即领导者应积极参与学习过程,加强校内一切教学行为,进而深化一切学习(包括领导者自身的学习)。

　　因此,合作型领导力尽管包括以教学为重点、深度掌握学习、自主学习的观点,但其核心是学习提升。它并不只是单一地聚焦教师教的策略,或教的对象,或教的内容,而是聚焦所有因素的交互平衡,最终实现学习效果的提升,是在知道内涵的基础上将影响力最大化! 合作型领导力探究的是关于"影响"的问题:这所学校的影响是什么? 我们追求的理想的影响是什么?有多少学生取得了理想的成就? 在学校里,影响不是中性词,而是对"擅长"做某件事的集体认知,是全校教师群体(同样也是学生群体)的集体认知。整个五年级如何表现突出? 一份语文作业如何获得高分? 某个年级或学段的学生作品,如何才能被视作优秀? 究竟什么才是榜样的标准? ……最重要的,这类影响是不是来自全体的共识? 实际上,对学生们的挑战、进步或者目标达成,教师们往往并不进行充分的交流,这是我们办学中面临的最大问题之一。教师们的个体观念差异,会在对学生进步、退步的评判随意性上体现出来。

达成全体共识需要卓越的领导力。领导者需要建构信任，需要组织和探讨共同的标准，需要多渠道收集教师个体有关期待和标准的证据，需要持之以恒并温和地施加压力（正如麦克·巴伯经常说的）。这种合作观是本书的焦点。

在近期的一项元分析中，蕾切尔·伊尔斯（Eells，2011）发现，教师的集体效能与学生成就具有高关联性。即使改变研究条件，更换学科或学习环境，该结论仍然成立。实际上，这是继我在《可见的学习》中发现的 200 个影响学习的效应量之后，最新的排名第一的效应量（Hattie，2009，2012，2015）。班杜拉（Bandura，1997）将集体效能定义为"团队的共同信念，认为团队结合的能力在组织和执行特定任务时能取得特定成果"（p. 477）。当然，这里存在一个循环，较高的集体效能能反映出学生学习受到影响；同样，学生学习受到的影响反过来能提升教师的自我效能，促进其专业化发展，并深化对学生学习产生影响的集体效能（Goddard，Hoy & Woolfolk Hoy，2004）。组织的共享意识（sense of shared agency），即取得团队目标的共识和建构同事间的高度信任，是影响学生学习的必备因素。

要意识到，"教师合作效能的关键作用决定了学校领导者的主要关注领域"。不仅要关注如何透明地创设集体目标，还要关注如何提供证据证明这类目标产生了影响力，并且继续将目标创设与目标实现的循环深入开展下去。领导者的角色并不止步于树立信念，他们必须在循环中反复启动和反馈，同时提出一系列可实现的高期待目标。

卢比-戴维斯等人（Rubie-Davies，2012）证明目标期待高的教师对所有学生施以高期待，目标期待低的教师对所有学生施以低期待，但两类师生都以各自的方式获得了成功。其中，高期待教师对学生的影响更大些，低期待教师影响小。研究者全年跟踪调查了低期待教师的课堂行为，获得大量证据，得出了高期待重要性相反的结论。但似乎，学校领导者在管理过程中是否重视教师集体效能方面并无显著区别。

然而，除了全体教工的集体影响力、学生的深度学习和掌握学习这些焦点问题之外，合作型领导力中还有很多其他因素值得关注。这就是这本书的重点：影响合作型领导力最大的六个因素。

彼得·德威特在书中谈到了翻转领导力,这对我而言就是对"成功标准"最清晰的阐释,就是让标准生成透明,让标准联结学习,让标准实现共享。翻转领导力始于教师的自主思考,付诸努力,力求改进,以及后续关注策略的实施(见第五章"合作型领导循环图")。翻转领导力也包括用"认知、建构、激励"的模型来发展学生的评价能力,让学生成为讨论成功的一员(并习得如何去阐述进步)。

但是仅仅"翻转"是不够的,还需持续不断地、专注地探索证据,来证明领导力的影响。不能只使用单一的证据,或者过度采用测验成绩或效应量的方式(尽管他们是等式的一部分),而应采用多种方式:优先听取学生对学习过程的看法,通过学生的作品了解进展;最重要的是,听取来自教师的声音,了解他们的现状、进度和下一步措施。这包括对学生学习环节中的现状诊断(diagnoses,D),选择多种干预手段(interventions,I)让学生不断达成学习目标,并持续评价(evaluate,E)这些手段的效率和效果。D-I-E 正是教师急需被倾听的声音。

我们吸收彼得的观点,即学习是核心。这个观点对教师、学校领导者和学生、家长而言同等重要。庞大的研究数据表明,家长对孩子学业产生最大影响的是鼓励和期待(远远超过了经济、社会地位以及家长参与学校事务产生的影响)。因此,领导者在与教师的合作中要向家长传递高要求的信息,同时要让家长认可、支持并实现这些期待。这也就是此书毫无悬念地设置了反馈章节的缘故。这样不仅在阅读顺序上恰到好处,而且也在内容方面关注教师、学生和家长如何接收反馈,以及领导者如何接收反馈。形成和保持高期待、具备接收反馈的能力和意愿,这是成功的领导者需要完成的两项核心任务。

合作型领导力模型的基础是建立信任。信任是在充分相信对方是仁慈、诚实、开放、可靠和可胜任的基础上,主动展示自身弱点的意愿(Tschannen-Moran & Gareis,2015)。信任往往成为高风险问责的牺牲品,在学校校长过分关注校外因素,或校内处处充斥干扰政治(politics of distraction,POD)时,信任只能缺席(Hattie,2015)。梅根·查能-莫兰和克里斯多夫·加雷又指出当校内成人互相信任时,他们更可能把信任感传递给学生;反之,不信任会滋生更多的不信任。信任来自关心或仁爱,进而演变成真正的对学习的关心。学校领导者主动表达信任才能赢得团队的信任,"坦诚、组织决策影响和专业谨慎度是最好的证明。如果能确保交流内容准确和交流方式便捷,教师们会认为校长是值得信赖的"(Tschannen-Moran & Gareis, 2015, p.261)。高度信任的校园氛围能孕育和滋养集体效能感。

学校要安全公正地支持每一位教师的信念和抱负。值得注意的是,学校对建立信任的支持与心理治疗中建立信任的支持同等重要。所以我们可以尝试把心理治疗中的患者—治疗师联盟(Bachelor,2013)的关系,转换成领导者—教师—学生—家长联盟的关系。众多治疗文献显示出的一致结果是,患者和治疗师对联盟的重大感知差异,是双方沟通受阻的原因。所以,患者和治疗师对信任感知的转变是确保积极的治疗成果的关键。这个转变在领导者—教师—学生—家长联盟中涉及很多维度:合作型领导关系、工作成效、校内达成共识的目标承诺、信任纽带,以及在教学过程中的自信心。信任是培养高水平合作行为的基石。

彼得·德威特,我的朋友兼同事,是实施"可见的学习"模式的诸多成功办学者之一。他曾撰写过有关翻转领导力和安全校园的文章,也当过校长,是最善于沟通的人之一(《教育周刊》博客为证)。以上特点在此书每一页上都得以淋漓尽致的展现。请享受阅读。

参考文献

[1] Bachelor, A. Clients' and therapists' views of the therapeutic alliance: Similarities, differences and relationship to therapy outcome. *Clinical Psychology and Psychotherapy*, 2013,20(2):117-135.

[2] Bandura, A. *Self-efficacy: The exercise of control*. New York: Freeman,1997.

[3] Eells, R. *Meta-analysis of the relationship between collective teacher efficacy and student achievement (Doctoral dissertation)*. Dissertations, Paper 133. http://ecommons.luc.edu/luc_diss/133,2011.

[4] Goddard, R. D., Hoy, W. K., Woolfolk H. A. Collective efficacy beliefs:

Theoretical developments, empirical evidence, and future directions. *Educational Researcher*,2004,33(3):3-13.

[5]Hattie, J. A. C. *Visible learning*: *A synthesis of over* 800 *meta-analyses to achievement*. Oxford: Routledge,2009.

[6] Hattie, J. A. C. *Visible learning for teachers*. *Maximizing impact on achievement*. Oxford: Routledge,2012.

[7]Hattie, J. A. C. The applicability of visible learning to higher education. *Scholarship of Teaching and Learning in Psychology*, 2015,1(1):79-91.

[8]Hattie, J. A. C., Maters, D., Birch, K. *Visible learning into action*. Abingdon, Oxon: Routledge,2015.

[9]Rubie-Davies, C. M., Flint, A., & McDonald, L. G. Teacher beliefs, teacher characteristics, and school contextual factors: What are the relationships? *British Journal of Educational Psychology*, 2012, 82 (2): 270-288. DOI:10. 1111/j. 2044-8279. 2011. 02025. x.

[10]Tschannen-Moran, M., Gareis, C. T. Principal, trust and cultivating vibrant schools. *Societies*, 2015,5(2):256-276.

前　言

　　做教师时,我们往往认为每个教师教法差不多。我们认为每个人都与学生交流,并且建立了合作学习小组。我们也认为所有的教师都尊重每名学生,并倾听学生的心声。并不是我们不能改进教学实践,事实上我们一直在改进,因为我们认为所有教师像我们一样反思和研究。后来我们成了领导者,意识到并不是所有的教师都一样。有些教师还需静待花开,有些则已是模范榜样,每次进入他们的课堂都会有收获。

　　我们变换视角,同样能够意识到学校或学区领导者的做法也是不尽相同的。作为作家和顾问的我,对领导力的看法转变很大,亦如当初我对教师教学的看法转变一样。并不是所有的领导者都是一样的,但是无论是需要完善、进步的还是拥有雄心壮志的,就好比任何一辆汽车都有速度表盘,领导者们也要有能力提速的仪表盘,要实现超越个人预期的发展。

　　这就是我著此书的原因。写给每一位领导者,提供更有效的合作策略以期进一步影响学生的学习。去年一年,我很荣幸地得到了来自北美甚至全球的伟大教育家们的指导,再结合自身的教育教学实践,我的领导力视野得以拓宽。除了提出学习实践和创新的观点,我还与约翰・哈蒂、吉姆・奈特和罗素・格里亚合作,收获颇丰。整一年内,他们的建议、创新研究和观点促成我著成此书。我的关注点始于教学领导力,随着对教学领导力的局限性的深入了解,我开始关注合作型领导力。我知道你可能在想:这个新型领导力真的有必要吗?

合作型领导力

教学领导力或者变革领导力有什么问题吗？合作型领导力比教学领导力和变革领导力更胜一筹，是在于它整合了上述两者和其他优秀领导力的优势。这种综合和整体的特征，既保证了利益相关人员的积极投入，也保证了集体目标的实现。我们看到过，因为家长或学生对学校事务一无所知，太多的倡议或创新遭遇失败。合作型领导者往往能运用多种制衡的策略，引导创新与合作——不论是在享受欢乐时光的顺境中，还是每天都要做重大决策的逆境中。合作型领导既要激发和建构学习，又要保证并支持这些共同目标的达成，并理解所有的利益相关者：家长、教师、其他的学区官员或者社区成员。

为什么谈合作型领导力？因为其包容的特征更能产生长远效果。合作型领导力的目的是找到最见多识广的、最能胜任的人或者团队实施领导，同时将有效变革传递给无法同时参与的成员——并不是每一名利益相关者都有时间、机会或者能力参与每一次的变革。有时候，最好的领导者并不是名义上的领导，可以是管理人员、教师、职工、家长，在一些案例中也可以是学生。

在这本书中，你能发现

此书基于我作为教师和校长的个人经历，以及过去两年间与约翰·哈蒂等同事的经历而著成。哈蒂拥有教育领域中最大的研究数据库，我从他那儿学到了很多。但尽管如此，结合我开展的领导专业培训反馈来看，领导者们仍然在寻找新的起点，我在书中会做进一步介绍。此外，我还收集了大量来自北美的小学、初中和高中领导者的经验与建议。

为什么是这本书？

这本书的与众不同之处在于：

• 关注合作型领导力,同时解释了其优于其他单一类型的领导力的原因(合作型领导力无论是在单独使用的情况下,还是在与变革领导力和教学领导力联合使用的情境下都优于其他单一的领导力)。

• 以约翰·哈蒂基于合作型领导力的六个效应量为重点,领导者们可以有针对性地关注这些效应量,以防在面对海量信息时手足无措。

• 汲取了优秀教育思想家的出色研究成果,如哈蒂、格里亚和奈特等人的研究成果。

• 帮助领导者探究部分教师合作不足的可能原因,并利用集体效能的研究成果促进教师参与。

阅读完此书,你能够:

• 利用研究成果,促进你的领导合作,提高领导效果。

• 找到可以改变的不足之处,帮助教师和学生的成长。每章重点阐述哈蒂成果的一个影响因素。

• 打造一支领导团队,通过每个成员和团队整体实施领导,而非你个人主导。

• 让更多的利益相关者在学校社区中拥有话语权。这并不是意味着他们总能如愿,而是让他们受到欢迎,成为积极的参与者。

• 让关键教职工在合作型领导团队中获得权力。

• 吸引不同的利益相关者参与到领导规划和活动中,包括教师、家长和社区成员。

致　　谢

　　著书可能看起来是一个人的努力,但是几乎没有人是独立完成的。这是一项合作的工程。除了感谢我的伴侣道格拉斯外,还要感谢我的母亲和我的兄弟姐妹(特里什·乔克、弗兰克·德威特、乔迪·德威特和道恩·德威特)以及我的侄子、侄女们,没有你们我根本无法走到现在。

　　感谢我的朋友吉尔·贝尔科维奇、琳达·金德伦、劳丽·斯威特、珍妮·多诺华、贝斯·胡斯蒂尼亚诺,以及兰迪·斯蒂文斯。

　　感谢柯文出版家族的所有成员,克里斯蒂·安德森让我有这样奇妙的机会,感谢玛雅·麦克德莫特、艾米丽·马拉泰斯塔、迈克·索尔斯和丽莎·肖给予我支持。

　　感谢专业/个人学习网络(PLN)成员,他们是帕蒂·夏诺、丽莎·米德、薇姬·戴、克里斯蒂娜·卢斯、蒂姆·道金斯、约翰·哈珀、克里斯·米茨纳和米歇尔·赫伯特。

　　感谢格里亚学生愿景学院的团队成员:米奇·科尔索、克里斯·福克斯、布莱恩·康纳利、雷·麦克纳尔迪、苏珊英曼、苏·哈珀、丽莎·朗德和戴伯·杨。

　　感谢《教育周刊》的凯瑟琳·曼佐和伊丽莎白·里奇。

　　感谢波士顿科尔小学的学生、教工和家长,让我成长为一名领导者。

　　我很幸运能够与戴伯·美特斯、海伦·巴特勒、珍妮佛·赛斯塔、杰恩安·杨共事并成为朋友。同样幸运的,约翰·哈蒂、吉姆·奈特、罗素·格里亚能接纳我为朋友,并帮助我成为学习者、作家和主持人。

　　最后,同样重要的,感谢阿尼斯·伯尔维科夫、阿里埃尔·巴特莱特、德

1

西里埃·巴特利特和安得烈·奥尔森,他们多年来支持我的写作与成长,我热爱与这个团队的合作。

柯文出版社由衷地感谢以下评论家:
萨拉·阿姆斯特朗　教育顾问
萨拉·阿姆斯特朗教育公司
伯克利,加利福尼亚

吉尔·贝尔科维奇　教授,作家,教育顾问
纽约州立大学新帕尔茨分校,柯文出版社著者
新帕尔茨,纽约

迈克尔·科尔索　首席学术官
格里亚学生愿景学院
波特兰,缅因

克里斯汀·福克斯　高级调查专员
格里亚学生愿景学院
波特兰,缅因

莱曼·戈丁　高级讲师
中等教育与专业发展
布里奇沃特州立大学,马萨诸塞

路易斯·林　副校长
湾景中学
列治文山,安大略,加拿大

戴夫·纳格尔　顾问,作家,中学教师有效等级创始人

NZJ 学习专业发展公司
齐恩斯维尔，印第安纳

莫斯·派克　拉丁语教师
哈佛－西湖中学
洛杉矶，加利福尼亚

戴娜·萨莱斯·特里维森　代理教育局局长
特洛克联合学区
特洛克，加利福尼亚

珍妮丝·怀亚特罗斯　代理副校长
布莱恩斯法申高中
莱克星顿，肯塔基

关于作者

彼得·德威特(EdD)曾任 11 年教师和 8 年校长，随后开设工作坊并发表主旨演讲，领域涉及合作型领导力、建构全纳校园文化和连接学习。

彼得活跃在国内外的舞台上，是约翰·哈蒂"可见的学习"和吉姆·奈特"教学指导"的讲师，以及罗素·格里亚"学生声音"的拥护者。他还是柯文(Corwin)出版社"连接教育者"("Connected Educator")丛书以及即将出版的"影响领导力"("Impact Leadership")丛书的编辑。

他的《发现共同点》(*Finding Common Ground*)博文在《教育周刊》(*Education Week*)发表，是《先锋》(*Vanguard*)杂志特约作者。2013 年获纽约州学校管理者协会(SAANYS)杰出教育者称号，2015 年获年度教育博主佰媒奖(Bammy)(教育艺术与科学院)。

彼得 2012 年发表第一本教育著作，名为《全体的尊严：捍卫女同性恋、男同性恋、双性恋者以及跨性别学生的权利》(*Dignity for All*：*Safeguarding LGBT Students*，2012)，书名亦是其博士论文标题。2013 年，彼得与朗(Lang，2013)参与《学校的去考试和去等级：问责和标准化的真正选择》(*De-Testing and De-Grading Schools*：*Authentic Alternatives to Accountability and Standardization*，2013)的章节编写。其他著作包括《变革学校氛围：如何培养积极的校园氛围》(*School Climate Change*：*How Do I Foster a Positive School Climate*，ASCD，2014)和《翻转领导力并不是重新发明车轮》(*Flipped Leadership Doesn't Mean Reinventing the Wheel*，Corwin，2014)。彼得任全美校园氛围协会(National School Climate Council)主席，其文章多次在当地、全国和国际教育期刊上发表。他曾为《校长杂志》、《教育周刊》、《教育领

导力》、《赫芬顿邮报》、公共广播公司、全人教育、《联结校长》、智慧博客和监督与课程发展协会的快报撰文。

彼得多次在当地、全国和国际级别的论坛、会议和主题讨论中发表讲话。其中值得关注的有全国小学校长协会(National Association of Elementary School Principals, 2012, 2014, 2015)、监督和课程开发协会(Association of Supervision and Curriculum Development, 2012, 2015, 2016)、教育领导力国际中心的模范学校(International Center for Leadership in Education)、伦敦奥西里斯世界会议(Osiris World Conference)，以及与桓(Goldie Hwan)和科特(Hoda Kotb)一起在NBC教育新闻中讨论学校安全。

彼得曾就职于美国学校管理者协会(American Association of School Administrators, AASA)、全美教育协会(National Education Association, NEA)、全国中学校长协会(National Association of Secondary School Principals, NASSP)、全美学校心理辅导师协会(National Association of School Psychologists, NASP)、监督与课程发展协会(Association of Supervision and Curriculum Development, ASCD)、全美校园氛围中心(National School Climate Center)、GLSEN教育网、公共广播公司、NBC电台、国家公共电台、BAM电台网和ABC新闻网站。

目　录

第一章　你头脑中理想的领导力是什么样的?

第一个考验是清楚你想要什么,清楚你现有的能力和潜力,并意识到两者之间的区别。

沃伦·本尼斯(Warren Bennis)

1. 如果你真的能成为理想的校长,然后呢?

当我还是一名年轻教师,正准备报考教育心理学专业的研究生时,当时的校长建议我换个方向,去报考教育管理专业。我是家族里第一个大学生,年纪轻轻就已经成了教师,但成为校长对我而言遥不可及。"我从来没有想过成为一名校长。"我诚恳并简短地作答。

在我有限的教师生涯里,我觉得校长就像《星球大战》电影里的大反派达斯·维德绝地武士,甚至我还听说进入管理层就像进入了黑暗界,所有的处罚条例都是校长们制定的,好学生们从不用与校长打照面,校长召开家长告状会,强迫教师做违背他们意愿的事情。我当时的想法真是既极端又天真。

幸运的是,我经常在纽约州波基普西市当地一个健身房里,跟退休教师乔和托尼聊天。当我说起校长的建议的时候,他们的反应却是:"如果你真能成为你梦想的校长,那会怎样?"尽管那个时候听起来没什么,但这句话就这么一直在我脑海里回放着,萦绕着,最后,改变了我的人生。时至今日,我依然相信,校长需要非凡的潜力。但令人遗憾的是,一些领导者从未真正开发其所有的潜力,只是当他们年老、头发灰白之际,回忆起曾经当过校长罢了。

后来，在结束管理学专业的学习之后，我果然得到一个从未想过的进入管理层工作的机会。老师们告诉我，在由 17 人组成的面试小组里，他们选择我是因为我有丰富的教学经验。尽管如此，当我面对乔·穆洽，那位正式授予我职位的学区教育督导的时候，心里仍忐忑不安。

因为当时的校长莎伦·劳伦斯被任命为学区副督导，所以我去接替她的校长职务。在正式工作开始前三个月的交接期间，她向我展示了极大的支持，带我认识了学校和学区里的关键人士。如果莎伦当初没有这么开明和热情的话，我们的管理探索肯定无法成功。结果证明，团队作战是我们完成的诸多漂亮事儿之一。

2. 激励大家每天做到最好

尽管在 7 月 1 日前已经熟悉了所有教职员，但我依然认为那只是校长该做的一小部分而已。第一次教工大会时我非常焦虑，导致原定一小时的会议，最后持续了三小时。尽管是失误，但我开诚布公地接受大家的意见，遂获得了所有人的支持。做校长的第一年内，我都在观察大家如何互动。了解成员们的实际情况很重要，因为这样可以帮助他们更上一层楼。而事实上，我自己却对这点束手无策。每天早上，我欢迎坐着校车来的孩子们，然后挨个教室跟孩子们问早安。

管理中的教学和合作似乎更难。我走进教室前，会先告诉老师我只是想进一步了解孩子，并不是评价教师的一举一动。时间一长，我变得更像一名合作型领导。我很诚恳地开展合作，是因为我很想念教室以及出于对教育的无限尊敬，同时也希望能够让人们每天发挥出最大的能量。我想要建立积极的人际关系，并向周围的教师、家长和学生学习。我在当教师的岁月里，已经从自己学生那儿学到了很多。我的学生教会我如何克服困难，并启发我思考问题出现的原因。

这样的思考让我认识到，我的领导风格与一般的教学型领导有区别。我的风格更有合作性，我和我的团队成员、学生、家长之间互相学习。

3. 什么是合作型领导力

合作型领导力包括有所作为的领导者采取的有目的的行动,强化教师教学能力,建立所有利益相关者的深度联系,深化共同的学习。合作型领导力包括管理领导力、教学领导力和变革领导力,其能量超过各部分的总和。通过课堂观摩和教工会议的形式,合作型领导与教师共同建构课堂、设立阶段性目标,让家长了解孩子的学习方式,同时在合适的时间,让学生也参与到决策中来。合作型领导力源自所有利益相关者的合作,而不是操纵他人同意早已决定了的目标。我们各自贡献自己的专业知识,一起互相学习。合作型领导力框架见图 1-1。

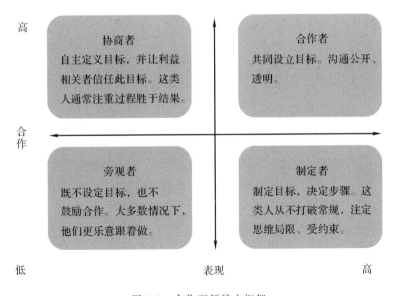

图 1-1　合作型领导力框架

若要积极地影响人际关系和学习过程,合作型领导就应该营造一种积极的校园氛围,包容校内的所有人和事。

根据合作熟练程度不同,可以将领导者分成以下四种:

旁观者——这类领导者既无明确的积极目标,也不鼓励利益相关者的合作。他们的成长绩效低,合作品质低。教师和校长各自为政,也不向外界展示自己的付出。

制定者——这类领导者确立教师和学校的目标。他们的高绩效是以掌控整体环境作为基础的。这类领导者往往在会议之前就知道讨论的结果。可惜的是，就算他们有一定程度的妥协，但仍无法激发真正的合作，往往形成一种教师们坐等任务的有敌意的校园氛围。

协商者——这类领导者看似鼓励合作，但实际上是关起门来先确定好工作目标，然后逐渐让校内或者学区内的其他人接受这个目标。他们缔结联盟。只要大家坚信目标具有可行性，并不觉得目标是来自上层的要求，那么协商会产生效果。

> 在激励参与和共建目标方面，合作型领导能够巧妙地平衡两者关系。

合作者——这类领导者能够在校内或者课堂内妥善开展合作引导和目标树立这两项任务。他们相信在所有人都参与的情况下，透明度和诚信度是高绩效的基础。合作型领导使用社交媒体与家长交流，并利用技术将这种影响最大化。

听到合作型领导力自然能联想到这样的画面：校长们进入课堂中，和孩子们在走廊上聊天，向家长们传递孩子的积极信息，等等。领导者做的每件事情都应与创造积极影响有关，也就是说，他们必须与所有利益相关者一起合作。

> 这些影响因素关注的是如何通过全体合作，将所有人的优势和贡献最大化，从而促进学生成长。

要产生影响力，我们就需要研究和反思，并对所有有效领导力影响因素展开研究。影响因素指的是我们使用的工具和方法，也包括我们在课堂教学和学校管理中对学生产生积极效应的行为。我在书中重点关注的学者约翰·哈蒂，他发现了 150 多个影响因素。这些影响因素效应量的值都超过了 0.40，即学生经过一年学习后必定获得成长的增量，我将在后面的章节中做详细的介绍。

我在书中选择的影响因素不仅跟效应量的值有关，更是关注如何通过全体合作，将所有人的优势和贡献最大化，从而促进学生成长。这些影响因素是：

- 教学领导力(0.42)——教学领导者尤其关注学习；合作型领导通过发

动全体利益相关者的合作关注学习。

• 教师集体效能(1.57)——学校的每名成员都具备自身优势。该影响因素通过发动所有个体实现优势最大化,进而实现关注学习的目标。合作型领导促进合作型的专业化发展。

• 自主评价型学习者(1.44)——哈蒂认为所有学生应该了解自己的学习情况,清楚先前如何学习,应该采取什么措施取得进步,这三个环节都十分重要。合作型领导力帮助师生建立合作,使教师明确学生的学习现状,并引导他们进入下一个学习阶段。

• 专业发展(0.51)——专业化发展以学生学习、教师目标和整个学校社区为重心的时候,便能体现优势。合作型领导可以利用教工会议的形式促进、激发专业化学习。

• 反馈(0.75)——合作型领导能运用反馈的手段,辅助和促进他人和自身的成长。

• 家庭参与(0.49)——家长应知道学校变革,并能在特定的校内事务中拥有话语权,这样更有利于支持学校的工作。合作型领导能够带领家长一起实现这个目标。

以上这些是我在开展"可见的学习"培训的时候,收集到的最吸引学校和学区的影响因素。从第二章到第七章,我详细阐述了这些影响因素。那么,你是否已经准备好使用这些影响因素了? 有什么证据证明你的尝试有效果? 你如何知道影响已经发生了? 哪个影响因素你尚未尝试,但是却对产生更大影响力有帮助?

你和教师们都应该收集对学生产生影响的证据(集体证据和个体证据)。而教师要能够明确收集哪些证据,或搜索哪些资源能提高教学能力,则需要合作型领导提供方法和指导。没有证据的支撑所进行的反思,只是对我们想当然的而不是真实发生的事实进行回忆罢了。合作型领导力是让教师们一起讨论他们所持的证据,找到更有利于学生学习的方法,帮助学生们成为拥有自评能力的学习者。

合作型领导能:

- 运用证据开展反思

- 主动构建积极的校园氛围

- 三思而后行

- 多听少说

- 寻找共识,凝聚团队

- 谨记领导任务的初心,理解当下意义

4. 认知、建构、激励

合作型领导运用证据和研究信息,认知团队成员的现状,建构发展策略,并通过激励实现发展(见图1-2)。

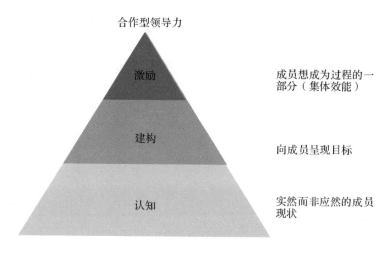

图 1-2 认知、建构、激励

合作者与协商者的区别在于,合作者也许有自己的主张,但在听取团队成员的反馈后,乐于转变先前的主张。我知道"认知、建构、激励"的框架极为重要,是因为其实大多数领导者缺乏对成员现状的真实认知,只是停留在自己对现状的理解上。此外,领导者并没有使用有效策略激励团队成员,而是使用数据迫使他们服从。他们很少以身作则,而是让成员们"照我吩咐的做"。

审视自己,我们属于哪种类型的领导者? 于个人,领导力是什么? 我们乐于学习什么？我们是凌驾于他人之上工作,还是与他人肩并肩工作,还是两者兼而有之？在现今这个超凡的时代里,教育赋予了我们以往的生活和工作从未有过的重大责任。领导者现在面临的棘手问题,尽管其中有一些由来已久,但我们仍旧束手无策。短期内,这些不会消失的问题亟待我们了解,并找到解决方法。我们要和所有人一起合作,找到解决重大问题和细节问题的策略。

5. 教育面临的 10 个关键问题

2014 年 1 月,我发表了《教育面临的 10 个关键问题》。文章一经发表就收到上万阅读量,而且保持着每月 1.5 万条的点击增长量,这恰恰说明了这些问题很重要,至今萦绕在人们心头。领导者们不仅要想方设法厘清原因,还要与所有利益相关者一起着手解决问题。

教育面临的 10 个关键问题

彼得·德威特

2014 年 1 月 23 日

blogs.edweek.org

我在圣罗斯学院学习教育领导的时候,选了我的导师吉姆·巴特沃斯的一门课,叫作“关键问题”。吉姆酷爱阅读,他是纽约州教育局副局长、前学区督导,同时也是一位出色的教授。所有这些经历集中在他 2.5 小时的课内,让我参与了从未有过的高质量的讨论。

每周我们都要阅读各种书籍(比如富兰、圣吉、哈格里夫斯、里夫斯、格林利夫),还有无数来自《教育周刊》的案例讲义。阅读内容无论是涉及课堂教学,还是学校管理,都拓宽了我们的视野。一起上课的有校领导、教师、心理辅导员和社工,他们来自城市、郊区和农村。大家拥有相同的目标,就是完成教育领导的学位学习。

学习这门课到现在已经过了 10 多年了,但是我从未忘记讨论的重要性，无论大家的观点有多么不同，论据多么有说服力。作为教育者，我们应该一直对职业保持思辨的态度。现状与政治问题阻碍我们一起发展和前进。因为过于执着于对错，那些州官员和国家教育官员无法改变立场。

所幸，这样的局面在今年将被打破。过去那么多年里的问责强化，预算减少，争论与内讧，在 2014 年，将会不一样……我希望是向积极的方向发展。在教育领域里，有很多重大问题还需要我们继续争论，不过，并不是关于问责和职权的。

排名前十的关键问题

关键问题指的是有关教育的重要问题。他们可以是教育发展中的障碍，或者为了给学生提供更好的学习机会而需要关注的因素。

州共同核心标准——46 个州采用了共同核心标准，但是 10 多个州选择退出或考虑退出标准的使用。无论人们抱有什么想法，对共同核心标准的讨论持续到现在，并且在将来还会继续。

学生学习——学生学习发生在毕业之前的各种路径之中。我们鼓励学生在学习中抒发心声，鼓励学生能参与更大范围的学习讨论。我们往往关注的是"教"，但"学"才是真正重要的。

技术——尽管已经这么多年了，技术仍是敏感话题。有些人热爱技术，每天都能无差错地使用，但是还有些人表示厌恶，并且毫无使用的意愿。除此之外，让情况更复杂的是，有一些学校拥有海量资源，另一些学校却使用富裕学校淘汰的旧技术。不管是慕课（MOOC）、iPad、游戏还是自带设备（BYOD），都属于将来的关键问题。

社交媒体——推特（Twitter）的使用在过去几年内呈爆炸式增长。越来越多的教育者参与并找到他们自己的专业学习网络（Professional Learning Network，PLN）。更可喜的是，他们分享自己在课堂里、学校里和学区里使用的资源，也使用社交媒体开展专业化发展活动（例如推特聊天、电子校园 EdCamps 等）。

政治——在政客的讲话中，教育一直占有一席之地，但是过去两年里这个现象大有增长的趋势。不少政客们似乎更关注办学失败的问题，他们提出的唯一措施就是提供标准化方案、开展问责以及实施高风险测试。很多官员争取今年获得连任,教育毫无疑问是成败的关键。已经有太多像科莫(Cuomo)和克里斯蒂(Christie)那样的政客谴责教师,所以今年教师们仍旧是竞选对话中的热点。

高风险测试——不能确定之前你是否听说过高风险测试,但是全国的学校必须要给学生进行高风险测试。有一些测试在幼儿园就开始了,有一些则在小学三年级开始。在大多数州,高风险测试是和教师/管理者的评价联系起来的,这毫无悬念成为今年讨论的主题。我们需要通过不同的手段来评价学生学习,而这些手段不应该是"高风险"的。

学校领导力——你看推特的话,就会发现很多校长们把自己看作"领导学习者"。这很要紧,因为他们看到了他们在学生、教师和职工中的重要性。另外,校长们认识到他们在校园氛围中,既可能产生积极的影响,也可能产生消极的影响,而大多的影响是消极的。

教师职前培训——当那么多政客和政策制定者们声讨办学失败问题的时候,我们如何才能获取最好的教师资源呢?在这种情况下,还有谁愿意成为教师?另外,因为很多师范学校毕业生并没有做好充分的准备,所以我们要提高职前培训品质。2014年真正的问题是,基础教育(K-12)学校如何运用职前培训,打造一支准备就绪的学习共同体?减少考试问责对提高职前培训品质将大有帮助。

校园氛围——几天前,教育部部长邓肯(Duncan)和司法部部长埃里克·霍尔德(Eric Holder)联合发布新大纲:减少学生犯罪率,改善校园氛围。这个关键问题不是仅仅关于霸凌的,而是关于创造包容的校园氛围,让所有学生最大限度地发挥潜力。

贫困——我们知道全国有22％的贫困学生。我们同样知道很多贫困学生就读幼儿园的时候,仅仅具备富裕的同龄学生1/8的词汇量。很多接收贫困学生的学校缺少相应的教学资源,贫困学生居住的学区同样缺少富裕学区拥有的相应资源。无论是在校园内还是校园外,贫困依然是困扰我们这个时代最关键的问题之一。

这些问题喜忧参半，我们需要合作型领导具备解决每个问题的深度洞察力。合作型领导不仅不可忽略这些问题，还应把这些问题视为挑战。我们的生活总是充满疑问，因为我们不知道将来可能发生什么；但是令人兴奋的是，能找到应对疑难杂症的良药。合作型领导发动所有人找到最佳方案，从而最大限度减轻问题的痛苦程度，这些我在全书中会有更好的阐释。

反思的重要性

我对我当校长的岁月永存感激之情。反思在我的职业生涯中起到了至关重要的作用，而我仍然认为今后自己还有很大的成长空间。希望你在阅读此书时，对你的职业生涯也抱此同感。希望书中的内容能够激发你的领导实践，并为你反思自身实践中存在的证据提供工具支持。

我借鉴了吉尔·贝尔科维奇(Jill Berkowicz)和安·迈尔斯(Ann Myers)在"领导力360度"的博客(《教育周刊》)中提出的问题，供你开始阅读前思考：

- 你是谁？
- 在教育领域中，你想成为谁？
- 你的所知和所能与大多数人有何不同？
- 如何亮出自己的声音？
- 如何处理领导时的疑虑？
- 如何知道你已经准备好了？

厘清以上问题无疑能够帮助你更好地在课堂、学校或者学区中实施领导。为了能够建立有效和积极的影响，我们需要亮出自己的声音，并且勇于站出来，邀集合作而不是服从。

学校的利益相关者需要强有力的合作型领导者来实施变革。合作型领导者能鼓励校内所有人说出他们的心声。你是一个能够赋予这样力量的领导者吗？

合作型领导力的实施实属不易，因为不仅要将不同的思维模式聚集在共同目标之下，而且要辅以大量的经验、耐心和远见。我参加管理课程学习时，了解到有远见的领导者必须"可见"(见约翰·哈蒂《可见的学习》)，但事实上他们还需要做更多。领导者需要每天都进一步，要认知、建构和激励。而这正是一个演变的过程，绝不可能一夜之间就发生。

6.办学故事——不分彼此,通力合作

彼得·德威特校长,波士顿科尔小学

奥尔巴尼,纽约

波士顿科尔小学位于纽约州奥尔巴尼埃夫里尔公园中心学区。作为校长,我不遗余力地向家长、学生和教师寻求合作。尽管这本书里不乏办学案例,但我还是希望从我自己的经历出发,分享成功与挑战的体验。

大多数日子里,我迎接孩子们上学,与有需求的孩子对话,去教室和孩子们打招呼。校园氛围对我和同事来说都极为重要,我们试图让每天的教学工作都正常运转。有时候,那意味着需要与家长共同讨论一个议题,听取教职工的担忧,或者收集学生的反馈。

我们是通过设计和建造学区操场实现合作的。一批批家长、教师、学生,利用无数个周末聚集到一起,为学区建设操场。这是件很重要的事情,因为小镇上的确没有面积再大一点的空地供孩子玩耍,所以学校建造操场就尤为重要了。我们中的一位家长一直坚持着“不分彼此,通力合作”的口号。建操场活动巩固了校园氛围并加强了学区的建设,让教工、学生、家长甘苦与共。这些年的积累对于后来的成就功不可没。

在我校长任期的最后四年里,学区遭遇了几百万元经费被削减的变化,大量教师下岗,招生人数骤减,我们学校不得不废除每个年级保留一个教室的传统(这项传统从 1992 年延续至今)。波士顿科尔小学不得不在三个月内接收另外一个被关闭的学校的所有学生和教师。

我们的学区非常混乱,原因是二年级的学生家长大闹董事会,两所学校的家长在脸书(Facebook,社交媒体)上争论得不可开交,被关闭的学校的一位家长为此专门设立了宣扬对管理者和教师仇恨的博客。在合并过程的沟通环节上,我们都犯了错,并吸取了教训。

我当校长的第一年,在学校成立了校长咨询协会(Principals Advisory Council,PAC)。PAC 要求所有年级和特别领域的教职工中有一名代表自

愿参加。随着时间的推移，我们开始通过教工会议开展活动以建立共同的关注目标。在合并过程中，我们花了大量的时间减少所有利益相关者的焦虑：

- 为合并的两校家长设置开放日体验。
- 校长多次探访即将关闭的学校的学生，部分探访利用了全校集会的时间。
- 正式合并前，利用"冰激凌社交"让所有学生参加家长教师协会(Parent-Teacher Association，PTA)。
- 用态度积极的回应博客中发表的消极仇恨言论。

> 合作使我成为更好的领导者，因为我能向学生、教师和家长学习。成为波士顿科尔小学校长一直是我引以为傲的事情。

另外，我跟家长教师协会一起创造了新的活动，供两个学校的家长、学生一起参加。随着时间的推移，合并的痛苦逐渐消失。家长、学生和教师得以一起参加戏剧、音乐会、田径赛和学术活动。学校开放日中就霸凌和新课程标准进行深入讨论，这些我在全书中会有详细阐述。

合作不仅仅是好主意，它更是让我成为更好的领导者，因为我能向学生、教师和家长学习。成为波士顿科尔小学校长一直是我引以为傲的事情。

7. 认知、建构、激励

认知

- 向你的学区介绍自己。放下所有顾虑，展示你的荣幸。家长们希望知道校长愿意与他们的孩子相处。
- 依次听取团队成员(包括学生、教师)的意见建议，认识学校现状，并且运用自己的专业知识思考提升空间。
- 多听少说。不仅仅发表自己的观点，也要聆听成员们的观点。

建构

• 运用良好的沟通技能。在学校官网上展示学习的信息。

• 尝试使用单页的邮件而非冗长的内容推广和介绍情况。

• 创建学校博客,发表有关学习或变革的信息。保留博客的评论功能,这样既能传递你的声音,又能建构合作型领导力。

• 当涉及学生、教师和学校内容的时候,要使用积极的语言。虽然这个建议有点傻乎乎的,但是我们每得到 10 个负面评论的时候才能得到 1 个正面评论。

激励

• 关于学校,多数人听到过共同体、高期待这样的言论。你如何提供进一步的解释?

• 最能体现你严肃认真的方式,就是自始至终坚持你的阐释。领导者们并不能一直坚持首尾一致。选择正确的、适合你的观点,并一直贯彻下去。

• 领导者讨论变革,切忌人云亦云,要因地制宜。只有改进真实发生了,预算拨款才会产生效果。

• 怎么激励那些积极性不高的人呢?你如何找到那些人?该做些什么?

8. 问题与讨论

• 你是如何开始你的管理工作的?

• 你如何安排全校会议?

• 你会向谁寻求支持和引导?是你的前任领导,是已退休的教师领导者,还是学区的其他成员?

• 课堂教学中的哪些教训可以帮助你解决教师遇到的类似问题?

• 作为校长,你如何关注教与学?

第二章　教学领导力(0.42)

领导者不是去构思所有好主意。

领导者是为各种好主意的产生提供环境。

西蒙·西内克(Simon Sinek)

1. 教学型领导做些什么?

在序言里我曾提到合作型领导力整合了其他类型的领导力。排第一的就是教学领导力。教学型领导的任务是提升学校的学习氛围,但是这些步骤必须是基于研究,而不是自己的本能感受。听课活动是可以采取的最佳活动之一,不仅能激发教师和校长的积极性,而且更能清晰地了解课堂氛围、教师的教学情况和学生的学习需求。也许这一两次的听课时间可以向学生展示管理者与教师之间关系的能量,同时能证明全体教职工共同致力于促进学生的学习。

约翰·哈蒂(2009)的研究表明,学校领导者对学习的效应量的值是0.39,刚好低于临界值0.40。需要明确的是,临界值0.40是指学生在通过一学年的学习后,获得学术进步的最低成长值。效应量的值越大,表明学生的学术进步越显著。尽管校长领导的效应量仅低于临界值0.01,但是说明这对学生的真实影响不明显。我们要为校长找到效应量更大的影响因素。

在哈蒂海量的研究数据中,有两种领导力类型最值得关注。一类是变革领导力,其效应量值为0.11。这个结果让人很是意外。长期以来,变革领导力是教育管理和领导课程中的主要内容。变革领导力转变思维模式,带领教师、家长和学生上升到更高的层次。我想要说明的是,一旦学校实施了变革,就需要有教学型领导的带领。

教学领导力效应量值是 0.42,比变革领导力高出很多。在《可见的学习(教师版)》中,哈蒂(2012)写道:

> 教学型领导关照校内与学生学习的品质和影响有关的所有因素,确保学习干扰最少,鼓励教师对学生抱有高期望,开展课堂观摩活动,关注解释与学习品质和本质相关的证据。(p.174)

在教学领导力问题上,哈蒂写道:

> 在发动和促进教师参与学习和发展方面,根据罗宾逊、劳埃德和罗成的研究(Robinson, Lloyd & Rowe, 2008),教学领导力效应量值最大(0.84),其后是建立目标和期望(0.42),规划、协调、评价教学与课程(0.42),资源选择与匹配首要教学目标(0.31),最后是确保有序和支持性的学习环境(0.27)。(p.175)

作为校长,我有很多理由花费大量的精力在课堂教学上。首先,也是最重要的是,我醉心于课堂的魅力,希望以此了解教师们如何满足学生的社会、学术需求。其次,进入教室让我有机会与学生接触。

教学型领导关注并开展针对课内学习的对话。这些对话是一系列的问题,比如"今天你学什么?""你为什么觉得你在学这个?"也包括我们了解学生们从老师那里获得何种反馈,让他们习惯使用"反馈"这样的通用语言。

教学型领导也需要与教师们会面,开展有关学习品质的讨论,正如哈蒂所说的弹性、坚持、毅力等,是非常重要的。当教师们

> 教学型领导关注课堂内的与学习相关的对话。这些对话包括一系列的问题像"今天你学什么?""你为什么觉得你在学这个?"也包括我们了解学生们从老师那里得到了什么反馈,也让他们使用"反馈"这样的共同语言。

确定了学习者应该具备的五种或者六种学习品质后,开始运用合作型领导力将这些品质要求告诉家长,最后让这些品质成为校内外耳熟能详的通用语言。

教学型领导就是通过像以上所描述的方式那样,关注学习。当我们定义了学习品质并且进行了充分交流后,合作型领导力才开始发挥作用。教学领导力的效应量值是 0.42,但是想象一下,如果领导者采取更多的合作行为,效应量的值将会更高。

我们需要改变思维模式,从仅仅是完成课程要求到思考我们如何学习、为什么学习以及如何对学习产生更大的影响。那就需要合作的力量。正因为发现合作对学习的影响重大,哈蒂创造了第十个心智框架(mindframe)——"我合作"。下面的博文详细说明了心智框架的重要性。

约翰·哈蒂第十个学习心智框架

彼得·德威特

2015 年 10 月 20 日

blogs.edweek.org

我们运用不同的心智框架开展教学、领导和学习。这些心智框架不仅影响着个人生活,还影响着职业交流。我曾作为"可见的学习"培训讲师,与约翰·哈蒂共事一年半,知道他曾写过影响学生学习的九个心智框架。这九个心智框架对教师和校领导而言同等重要。

哈蒂最近发表了第十个心智框架,但知易行难。首先,哈蒂认为要将学习效果发挥到最大程度,必须要确保将以下九个心智框架具体化:

• **我是评价者**——评价不仅仅是接受州或者学区教育部门的正规测评。教育者需要评价教学实践是否将学生的学习效果最大化。用哈蒂的原话就是,我们要"知道你的影响"。

• **我是变革者**——在面临着更大问责的时候,教师和领导者很容易认为自己是当下教育体制的牺牲品。哈蒂则认为我们要改变思维模式,要成为变革者。因为研究表明,教师效能感低下的时候,会认为他们对学生的学习无法产生任何影响,而这更无法帮助他们成为变革者。领导者要促成一种鼓励教师效能感提升的校园氛围,这种集体效能感会帮助教师成为变革者,并对孩子的人生产生影响。

• **我关注学而不是教**——我们讨论教学的时候,我们总是关注教室里的成人角色,往往忽略了学生。成人固然重要,但是学生更加重要。在"干扰的政治(politics of distraction)"中,哈蒂(2015a)认为学校利益相关者、政策制定者和政客们更多的是对教师事务的讨论,比如工会、职前准备和教师评估等,对学习的讨论并不足。

• **我认为评价即对自身的反馈**——沃德(Ward)等人描写了校内的数据泛滥现象,这些数据随处可得但并没有发挥深层次的效用。数据只是呈现出来而不是用作进一步的交流。我们能用什么样的教学评价保证我们的课堂教学是有效的?

• **我参与对话而非主导对话**——现在的通信工具使沟通24小时无障碍,但我想知道,与以前通信并不发达的时候相比,我们的倾听是否更加有效了?我们是否积极参与对话,倾听他人的想法,或者我们仅仅只是为了满足自己的好奇心而参与谈话?课堂里,教师是否认真倾听学生,还是仅仅灌输讲课内容,没有提供足够的思辨和讨论时间?

• **我乐于挑战**——哈蒂认为在帮助学生解答难题的时候,我们花了过多的精力,却并没有告诉他们最好的学习方式是从错误中吸取经验。通过犯错,学生们才能对自己的学习有深入了解。尤其是在他们还小的时候,我们就得告诉学生学习无法一帆风顺,这才是学习最有意思的地方。

• **我建立积极的人际关系**——哈蒂在他的成果中指出,师生关系的效应量值是0.72,几乎是平均效应量值(0.40)的两倍。平均效应量指的是通过一年的没有外界干预的学习之后,学生能自然获得0.40的学习增长;而在良好的师生关系干预下,学生能获得0.72的学习增长。积极的师生或生生关系有巨大影响力。

• **我使用学习通用语言**——关注学习很重要,相比教学我们需要花更多的时间进行讨论。但是,使用通用语言是关键的一步。关注学生的学习风格、教会学生使用通用语言的方式和场合,学校能逐渐改变所有利益相关方的思维模式。

• **我认为学习是艰苦的过程**——综合以上八个心智框架得出第九个内

容。参与会话,深度开发评价和数据的功能,教授学生学习的本质,成为变革者,以上这些和学习一样绝非易事。

上周哈蒂发布的第十个心智框架是:

• **我合作**——哈蒂不仅增加了一个心智框架,还发现150个影响因素的研究数据也在持续增加。"我合作"体现为教师集体合作效能,效应量值为最高。跟团队运动注重合作一样,成人要教给学生合作的重要性。可惜的是,教师们并没有在年级层面或者学科层面实施应有的合作。合作都被捂在了口袋里,而不是发生在全校范围内。

结语

十个心智框架的重要性不言而喻。为了转变家庭的心智模式,人们会投入时间和精力寻求专业帮助。同样的,学校领导者也要做类似的投资,保持每天健康的心智模式。

合作激发真实对话,融聚各种观念,改变思维模式,激发真正意义上的学习。这也是推特如此受欢迎的原因:教师们得以搭建专业和个人学习网络,跳出思维桎梏。想象一下,不需要参与社交就能在校内找到解决问题的办法,这样该多好啊!

2. 合作型领导力:对学习产生积极效果

哈蒂的研究证明了合作心智框架在提高教师集体效能时的重要作用。我们也清楚,合作型领导对学生学习产生积极的影响。哈蒂的研究清晰地表明,校长越多地实施教学领导——开展学习交流,创设积极的学习文化和学习氛围,贯彻以学习为中心的办学目标,这些都是对学校产生积极影响的措施——就能收集越多的有关积极影响的元分析数据,就能获得越高的效应量。为了达到这样的效果,领导者们要采取合作。

基于效应量的描述,你可能会认为教育者仅仅关注数值是 0.50 或者超过 0.50 的效应量就够了。但这样显然是错误的,必须要考虑班级规模。哈蒂不止一次提到,班级规模对学习并不产生影响,因为教师无论是去大规模班级还是小规模班级上课,其教学模式几乎不发生变化。因此,得出小规模班级的课堂教学无法产生高效应量的结论也并不奇怪。但是,如果教师在较小规模的班级里改变了教学模式,结论就会显示高效应量值。以理想的学习效果为目标,教师与领导者之间的建设性对话和有效交流,有助于提高影响力和效应量。

合作型领导要为教师建立符合其理想目标的学习模式,因此要提供有说服力的研究证据,鼓励教师变革,并同时展示成果。正如爱德华·戴明(W. Edwards Deming)博士[①]所说:"没有数据,你就仅仅只是有想法而已。"我们也要结合研究和数据,挑战和质疑刻板固化的观念,通过挑战和质疑提升影响力。每位学生都值得拥有最好的教学和管理资源,这就要求我们在追求如何教学、如何办学的道路上永不止步。

哈蒂通过几十年的研究著成扛鼎之作《可见的学习》。他试图探索影响课堂的各种因素,以便更好地理解教师的哪些措施在以前、现在和以后对学生学习产生影响。此外,他希望转变对教育管理的看法。每次他向教师询问哪些管理手段最有效的时候,收到的回答尽管很丰富,但却常常无法自圆其说。而且很多时候,校长与教师的交流内容并不是与学习相关的。

在写这本书的时候,哈蒂在全世界的发达国家中收集了800多个元分析的研究成果,包括已发表的和尚未发表的研究成果。现在元分析研究成果数量已超过1100个。研究最初涉及139个影响因素,现在已达150个,并且还在持续增长中。影响因素包括教学策略、学校规模、家庭情况(与学习有关的)、项目式学习、开放课堂、班级规模、留堂、家庭作业等。在这些元分析中,哈蒂用所有影响因素的平均效应量值来表示可能对学生学习产生的影响。

他发现教师开展的所有教学活动中,95%的活动对学生学习产生积极的影响。但是并不是所有的影响因素的效果相同——有一部分影响很小,有一部分影响很大,有一部分则介于两者之间。

---

① 威廉·爱德华·戴明(1900年10月4日—1993年12月20日),美国人,工程师、数据质量管理专家。

　　研究后哈蒂得出效应量的平均值,即学生通过一年的学习后获得的最少学业成长。这个效应量的平均值是 0.40,部分影响因素具有正影响(效应量值高于 0.40),部分影响因素产生负影响(效应量值低于 0.40)。

　　在与教师进行对话时,合作型领导应尤其关注并分析有效的课堂行为。这也是证据很重要的原因,因为我们需要证据检验影响是否产生,并决定是否进一步开展对话和讨论。而合作型领导能让教师在了解证据的时候感到安全并诚实地交换意见,而不是使其感到可能"陷入麻烦"而有所防备。

　　下面一则博文介绍了利用证据改进教职工合作并提升教学效果的方法。

我为何讨论证据

彼得·德威特

2016 年 1 月 10 日

blogs.edweek.org

　　每次碰到数据,我总是跟不上节奏,因为数据有时候总把故事解释得与事实相去甚远。但是当我读完《用数据提升教学》(James-Ward, Fisher, Frey & Lapp, 2013)后,思想发生了转变。书中提到"假定永远有提升的机会,要有目的地寻找失误,了解失误的成因和影响,改正失误后,期待持续提升"。

　　我任校长期间,纽约州教育局规定要基于证据实施课堂观摩活动。我很喜欢课堂观摩。我喜欢向教师们学习。观摩前教师与校领导会面,与校长确定观摩目标,那样效果最好。目标可能是双方商讨后共同建立的,也可能是教师自主建立的。但一个共同目标能为校长的课堂观摩提供参照依据。有目的的反馈会比无目的的反馈效果更好。

　　在听课之后会面时,领导和教师双方都要提供证据。教师们应能解释教学效果,校长应为帮助教师提升做好准备。

　　数据和证据是与测验成绩同步的,但是我们都知道光看测验成绩是远远不够的。举个例子,教育研究者和理论家们,像吉姆·奈特、卡罗尔·德韦克、约翰·哈蒂还有罗素·格里亚都引用过下述学习评价:

　　教师讲还是学生讲

成长型思维还是固定式思维

消极互动还是积极互动

合作之于学习(本质)还是合作之于分组

表层探究还是深度探究

教师和领导可以通过合作制定策略,用以评价课堂中是否产生学习发生的证据。他们可以通过设计政策,确保理想行为源源不断地持续下去。这也就意味着要找到转变校园环境的方法,更好地为学生服务。合作型领导需要积极从事前期工作,创造一个安全的、包容的环境,促进这样的对话顺利开展。

挑战——会议上,你发现"士气低落"。你如何改变集体的心智框架,让大家积极起来?

建议——在教工会议上摆出一张绘图纸,并同时给每人三张便笺纸。

• 让每个人依次在纸上写出所有有损士气的负能量因素,写两张纸也行。

• 写完后,给每人三张便笺纸,分别贴在自己认为最消极的前三名上。当然,也可以把三张都贴在一起。

• 全体贴完之后,找出获得便笺数最多的问题,并作为每次教工会议讨论的议题。

• 组员们团结起来消除头号负能量,振奋士气——其实这些问题在学习过程中也会反复出现。

3. "干扰的政治"掣肘学习的首要地位

当我们说学校的时候,好像谈的更多的是教师而不是学生。我们对教学、课程、工会、职前培训和协同规划的关注和投入的精力,远远超过了学习和学生。哈蒂把这种困境称为"干扰的政治"。

"干扰的政治"在学校里普遍存在,这导致我们只关注成人,视学生为产品,开展周而复始、年复一年的流水线生产:我们给学生的论文评级,或是将他们的学习类型做归类,然后把他们放到对应的传送带上;在高风险考试中,我们在学生名字旁边写上数字,让数字作为今后的参考;最后再创造一个自我实现的预言,认为一些孩子表现出色,另外一些乏善可陈。合作型领导对学生的期待远不止这些,他们知道必须先摸清学生情况,再加以鼓励,最后描绘绽放热情的学习景象。

哈蒂在《干扰的政治》(Hattie, 2015a)中写道:

> 我在考察途中遇到很多政治领导者和行政官员,他们怀有改进教育系统的决心,达成世界领先教育水平的雄心,以及提高学生能力的奉献之心,我深受感动。(p.1)

对不得不忍受规则和问责的我们来说,这也许看起来很意外,但我并不认为政策制定者们是出于对学校的坏心,才去制定一系列的规程。我相信也会有学校领导糟蹋好政策的时候。哈蒂写道:

> 因为这些教室层面的问题总是很难处理同时有时候会令人不悦,所以他们不情愿探究有效性的变化,而是去关注对改进学习毫无帮助的优惠政策——结构性"整治"。比如更多的经费,不同类型的学校,不同风格的建筑,制定标准,给部分学科特权,更多的评价,更多的技术,减小班级规模,提供更多学校选择,或者延长上学时间,先只列出这些。(p.9)

哈蒂列举了办学时校方采取的无用干扰和"治理"手段,这些对阅读此书的新领导而言值得警惕。第一种"治理"类型就是讨好家长。哈蒂引用了两个例子,第一个例子讲的是择校。哈蒂(Hattie, 2015a)写道:

> 教育系统往往热衷于用提供选择的办法来安抚家长,但通常导致更富裕的阶层获得更多类型的选择。选择几乎仅仅是择校(而不是择师),传统的择校只是在公立和私立学校之间选择。(p.10)

他继续写道:

> 在大多数西方国家里,校际变量会产生一定的影响,但是对于更重

要的校内变量而言,影响就小多了。那么问题就来了,为什么要向家长提供影响效果并不那么大的机会去择校,而不是在校内提供机会进行择师?(p.10)

哈蒂的意思是我们更关心的变量,应该是不同的教师,而不是不同的学校,下一章我将会对此做进一步解释。也正因为校内变量的重要性,所以合作型领导必须首先具备教学领导力。领导者关注教学,通过团队的合作与引领,才能实施有效的教学策略,提升教师的整体水平,实现学生的学习效果最大化。

哈蒂(Hattie,2015a)写道:

　　证据表明,(择校是)对学生学习产生最小影响力的提案,其代价是昂贵的。它们只促成了效应量值小于0.40的学生增长,即一个学年内学习取得进步的平均值,反而扰乱了那些真正有效的政策实施。这种经常听到的关于整治的承诺,就是所谓的"干扰的政治"。(p.1)

其他常见的低效应量干扰是建立更多的"基础设施治理"标准。哈蒂(Hattie,2015a)写道:

　　影响学习的一个主要干扰在于基础设施,我们本该有更有效的课程体系,更严谨的学术标准,更多的测试以及更多的学校,相关讨论一直在持续进行。(p.13)

他同时解释:

　　课程核心是表达不同层级的学习期待。课程的力量就是设置这些期待(假设这些期望与课堂评价和资源保持一致)。但在大多情况下,课程期待是以"学年"为单位设置的,好像全年级学生的学习进度都是一样的。(2015,p.16)

"干扰的政治"的一个层面是"学生治理"。"学生治理"的前提是学生本质存在缺陷,因此他们无法发挥潜力。尽管已经做了详尽的阐述,哈蒂(Hattie,2015a)仍在后续段落提供了大量信息。他认为:

学生如果在初始学习阶段就掉队了,很有可能被"贴标签"。事实上,已经有越来越多的学生在每天到校前就被贴上了标签。(p.19)

"贴标签"不仅损伤孩子的自尊心,还会带来思维固化的危险。出于对"表现欠佳"情况的跟踪,标签将会一直出现在学生的求学经历中。

"学校治理"是 POD 的又一个层面,意思是学校总是存在缺陷,就像学生总是被看成残次品一样。学校治理的手段包括建造新的学校,给予更多的自治,投入更多的资金,延长在校时间,以及实施变革型的领导,而这些都被认为是缺乏高效应量的影响因素。

"教师治理"是另一种干扰,是基于教师能力不足的观点。哈蒂审视了教师治理的诸多层面,主要关注的是师范教育。哈蒂(Hattie,2015a)写道:

这些关于师范教育的成果有着极为重要的应用价值。师范教育首先应该关注教师入职的前几年是否能够开展优质的课堂教学。师范教育应该提供教学实习。最近一项推动诊疗模式的教学大受欢迎,诊疗教学的本质是让教师掌握如何"诊断"的技能,如何采用多种"实施手段",以及如何"评价"效果。(p.29)

合作型领导能够利用教师会议作为核心平台,一方面帮助新教师过渡成为熟手型教师,另一方面向教学多年的资深教师提供新信息。尽管教师间存在差异,如学科理解的专业水平、从事教学工作的时间,但教师会议能平衡这些内部矛盾。

4. 认知、建构、激励

从"干扰的政治"中可以了解到,我们总是周而复始地讨论着同样的话题。有一个解决方案是捅掉马蜂窝,即开会前先把部分问题告诉教师。我们以讨论班级规模为例:

认知——了解教师当下对于班级规模的想法。大多数教师认为小班更好。找一篇关于小班教学优势的文章,同时也提供哈蒂有关南美班级规模的研究文章。

建构——学校有多少名教师?你是否有能力与每个人交流?作为校

长,你要与学生、家长和老师互动交流。要让大家明确不是班级规模而是课堂效率才是更重要的影响因素,你将怎么做?

激励——鼓励教师展开小班教学的讨论,尤其关注教学是否发生了改变。小班的交流形式是否产生变化?教师对学生的反馈变化了吗?学生的课堂行为怎么样?教学型领导要杜绝受备课、班级规模、学生表现等因素的干扰。

5. 翻转关注学习

很显然,随着干扰学习的因素发生变化,我们的思维模式也随之改变。以前,学生以年级为单位获取相应的学习资料;现在,教师就继承了同样的思维模式,以年级为单位提供学习资料。合作型领导要找到与师生合作的方式,深化学生全体与个体的学习,侧重发展而非结果。也许我们也是采用和以往同样的课程,但并不会只以中等程度授课,这样会让资优的学生觉得无聊,让薄弱的学生跟不上,而是应该找到让所有人都满意的方法。合作型领导要与教师展开相关的讨论。

教育和经济领域中有句最糟的话:"我们向来都那样。"领导者需要广泛阅读,利用研究或书籍打破思维定式,我至今仍在坚持。我想你也该这样,打破"向来那样"的心理,向教师提供新的资源和素材,帮助他们跳出思维闭环。

为改进学生学习环境,教师需要审辨浅层思维和深层思维。已经有很多人做了相关的研究,比如吉姆·奈特、格雷厄姆·纳托尔、珍妮特·克林顿和约翰·哈蒂,他们发现学生花了过多的时间学习浅表知识,导致进行深度学习的时间不足。

通过制定教学目标可以解决浅表学习和深度学习的矛盾。在美国,教育界普遍采用的是布鲁姆目标分类理论,也有极少数采用 SOLO 分类理论——可观察的学习成果结构(Structure of Observed Learning Outcome)分类理论。SOLO 分类理论通过寻找学习成果的复杂性而非简单的对错判断来评价学习质量(Biggs & Collis,1982)。了解并使用 SOLO 分类理论制定教学目标是领导者通过资源启发教师的一个方式。为加深理解,下面的博文进一步对比 SOLO 分类理论与布鲁姆目标分类理论。

选哪个才好？SOLO 还是布鲁姆？

彼得·德威特

2014 年 2 月 18 日

blogs.edweek.org

　　评价成为教育中备受诟病的新词，但事实上不该这样，因为并非评价本身导致了成人的误用。评价是用来指导学习的。它创造一个活跃的环境，使得师生双方在学科和主题的认知上，都获得成长。评价应该是有关真实的进步的。

　　在美国，测试与评价差别很大。我知道这听起来很荒唐，但是测试占据了评价的主要地位。说到测试，我们对选择题或者对错题特别偏爱。我们测试学生是否知道"正确答案"。很多测试里既有难题又有简单题，而这些与学生的知识掌握程度并没有太大关系，他们只要知道是什么就行了。比起对学生的掌握情况的考核，州教育考试更关注教师教的结果。

　　提到学生学习评价，大多数教育者都知道布鲁姆的目标分类学。他们觉得该分类学在教学和评价中能够发挥巨大作用，所以大量采用。在教育讨论中，我们也会时不时提到布鲁姆分类学，来了解学生对学习主题的掌握程度，以及他们是否能在实际生活中使用。

　　有意思的是，布鲁姆自己却评价其分类理论著作是"美国教育界引用最为广泛但最少人阅读"的，这令人颇为汗颜。我们尽管认知粗浅却热衷讨论哲学，那么大谈布鲁姆的目标分类理论便也是一种本性使然。

　　范德比特大学的教育中心网站上对布鲁姆目标分类学做了深入介绍，以下是作者在《教学目标分类学》附录中对主要分类的说明（第一分册，pp.201-207）。

　　• **知识** ——是能回想起的知识，包括具体知识和普遍原理、方法和途径，或者模式、结构或框架知识。

　　• **领会** ——理解或顿悟，知道并运用交流材料的内容或观点，但无须进行关联或者完全运用。

- **应用**——在特定和具体情境中使用抽象概念。
- **分析**——把材料分解成多个要素或部分,如弄清观点间的层级"和""/""或"关系。
- **综合**——将各个要素和各个成分组织起来成为整体。
- **评价**——根据特定目标判断材料和方法的价值。

布鲁姆理论强调知识的反复循环,似乎所有分类都是以知识为依托的,这也使它受到了批判。学生既可以用简单知识回答高难度的问题,也可以用深度知识解答简单问题。所以当学生有答案的时候,是否能保证师生深入交流,还是直接跳过?

帕姆·胡克(Pam Hook)指出:"布鲁姆教育目标分类理论指导下的教与学并没有发生必然的进步。"如果我们希望学生能够掌握学习,他们是仅使用布鲁姆目标分类法,还是有更好的方法?

采用 SOLO

SOLO 分类理论在学生学习评价上认知度较低,该理论于 1982 年由约翰·彼格斯(John Biggs)和凯文·柯利斯(Kevin Collis)创立。彼格斯认为"SOLO,就是可观察的学习成果结构,根据复杂性实施学习结果分层,考察学生的学习质量而不是答对题的数量"。彼格斯和柯利斯(1982)提出"认知复杂程度发展结构(Ascending Structure Complexity)"五个层次的反应水平:

- **前结构水平**——不具备面对问题的相关知识。
- **单一结构水平**——找到与问题相关的一个线索。
- **多元结构水平**——找到与问题相关的或孤立的部分线索。
- **关联结构水平**——将信息整合成一个有机结构。
- **拓展抽象结构水平**——归纳新的知识领域。

更为直观的,参考约翰·彼格斯提供的图表:

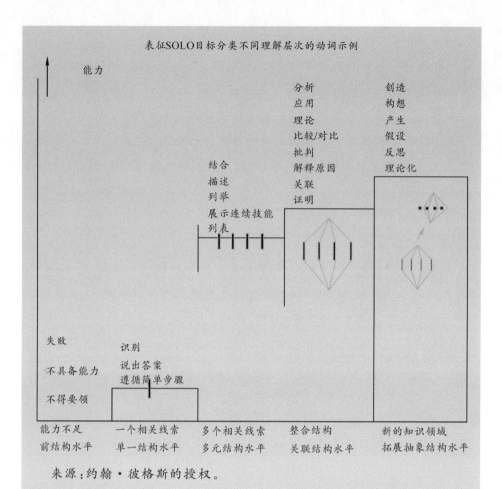

来源:约翰·彼格斯的授权。

如果要在学习中投入更多的时间,那就不仅仅是让学生"达到了他们的层次",而是要做得更多。无论是不同主题学习或者不同学科学习,还是学习的评价,SOLO目标分类都为师生提供了深度学习的机会。

通过阅读有关SOLO的文章和研究,教师能够更容易判定学生层次,并进行下一步的引导。哈蒂给教师的建议是:

- **毫无观点**——前结构水平。

- **一个观点**——单一结构水平。

- **很多观点**——多元结构水平。

- **关联观点**——关联结构水平。

- **拓展观点**——拓展抽象结构水平。

最后,胡克介绍了一些SOLO分类法的真正优势:

• 这些优势不是仅仅关注知识建构和得分情况,而是整合了评价过程的特征,着实关注学生如何学习、教师如何设计教学步骤,最后学生学会复杂的认知过程并应用。

• SOLO分类法的各层次能体现师生合作,获得从表层到深层的知识建构。

• 这些层次可以解释学生的能力水平。

• 同样的,在选择合适的学习材料的时候,教师可以运用"加1"的原则,即教师要设定比学生现有的高一层级的教学目标,并提供相应的学习资料,采用相应的教学步骤。

要实现合作型领导的思维定式转变,就要充分利用最新资讯和科研成果。当然,既不能良莠不分,也不能犯"把婴儿和洗澡水一起倒掉"的错误,要运用不同的框架审视实践的有效性。以往我发教工邮件的时候,常常会顺带推荐博客和教学管理模式,便于在教工会议上讨论。届时,大家一定会对主题有更深入、更诚恳的交流。

6. 学生中心型领导

合作型领导要挣脱"干扰的政治",把学生和学习作为讨论的中心。在《学生中心型领导》(2011)一书中,薇薇安·罗宾逊(Viviane Robinson)介绍了影响领导力视角的五个维度。罗宾逊的研究与哈蒂较为相似,都是把学生置于中心位置。五个维度分别是:建立目标和期待(0.42)、资源战略配置(0.31)、教学质量保障(0.42)、引领教师学习与发展(0.84)和保障环境有序安全(0.27)(p.9)。你可以发现,引领教师学习与发展的效应量值最高,和我强调的一致。但这五个维度很难解释透彻,因为很难自始至终贯彻到底。领导者也总会受到干扰。

校内开展团队合作,更能促进五个维度的实现。校领导既不会显得违背学区意愿,也不会有失败的风险以至于过早地在领导岗位上栽跟头。

2014 年《学校领导者网络》里有一篇名为《搅局:校长失手的巨大成本》的报道写道:

> 要实现理想的(以学生为中心)领导目标……需要同一名校长,坚持数年的顽强努力……需要坚定的教学领导者,与新员工建立信任,树立愿景,用润物无声的方式带领全员改变。

结合有效的研究证据和秉承谦逊、公开的领导风格,领导者能使全员聚焦学习,培养倡导帮助、孕育成长的学习社区,实现相互信任,开展能让成长的脚步更快的公开对话。

罗宾逊的五个维度强调教学型领导对引领教师学习和发展的重要性,是真正需要投入精力与合作的领域。强化教师的集体力量将带来比教学型领导更丰富的成果。

在之后的章节中,你将发现很多符合罗宾逊研究的实践,以及关注教师学习和成长的策略。成长对职业发展极为重要,希望后续的建议能够为校领导的成长提供帮助。

再提醒一遍,当阅读每个章节的大纲的时候,你会发现我引用的并不是效应量值前十的影响因素,因为那些因素并不属于校领导须关注的学校改进的领域。我选择了我在与全美多所学校合作的工作经历中,发现的最适合学校合作氛围建构的影响因素。

7. 认知、建构、激励

认知——在领导层面上,总有教师关注"干扰的政治"的问题。合作型领导的任务是要听取教师的担忧,彻底了解问题的根源,找到方法让他们的关注点回到学习。要了解所有教师的现状,开始在各层级的教师会面中,比如教工会议、专业学习共同体或者骨干会议,开展学习重要性的讨论。

建构——如果我们希望教师们讨论学生的学习,我们就有必要将学习相关的文章、博客和视频,通过邮件发送给教师。结合你发送的链接同时提出三个问题,并等待教师的邮件反馈或者当面反馈。

激励——激励教师专门就某个领域进行研究,并让该领域有可能成为学校的发展方向。教师们对学生的讨论有哪些不同,是班级规模,还是评价测试? 选择争议最大的领域,鼓励全体教师展开讨论并找出解决方案。

8.问题与讨论

• 你采用什么样的证据来展示学生学习,是定性的还是定量的? 你如何知道证据的使用是正确的?

• 教师们如何关注成人的问题? 你可以采用什么方式让注意力回到学生的学习上来?

• 作为学校领导者,你的做法产生了什么样的影响?

• 薇薇安·罗宾逊教学型领导的五个维度中,哪一个是你最意想不到的? 你在哪个维度投入的精力最大?

第三章　教师集体效能(1.57)

大量研究表明校园氛围对学生的身心健康产生深厚的影响。

塔帕等，2012 年

1. 提高效率始于激励

在《全球第四条道路：寻求教育卓越》(*The Global Fourth Way*: *The Quest for Educational Excellence*, *Hargreaves* & *Shirley*, 2012)中，安迪·哈格里夫斯和丹尼斯·雪利提到并定义了专业资本：

在教师群体及教学实践中开发、投资、积累和流通的，以实现教师教学和学生学习上的高产值和高回报为目的的资产。(p.49)

哈格里夫斯和雪利认为人力资本是"个人才能包括知识、技术、能力、资历、培训的组合"。教师人力资本开发需要激励，然而，并非每个教师都受到充分激励，愿意分享他们的人力资本。这很悲哀，因为教师鼓励学生学习也需要激励。这些激励从哪里来？是内在本能地发动学生积极性，还是需要像绩效工资和评价得分这样的外在激励？我做教师和校长的时候，通过开展教师、学生、家长的经常性会面，得以充分了解情况并一起努力。坚持很不容易，我感觉其实可以做得更好。通过交流才能帮助其他人成长，这样的交流绝不能只顾自己长篇大论，否则无法互相倾听。

作为教学指导讲师，我经常被问到如何与固执的教师合作的问题，即教师不情愿与教学指导讲师合作,而且通常产生这样的情况是因为教师的过错。但其实我们绝对承担了一半的责任,有时候教师不情愿与培训讲师或领导合作,是因为受到过敷衍对待,他们产生了抵触情绪。

大多数教师和学生可不愿意一大早醒来第一件事就是与人作对。我认为这种抵触是有原因的,这也是需要领导者弄清楚并且提供解决策略的。毕竟,我们选择领导岗位,是希望每位同事的潜能得到最大程度的发挥。如果我们希望教师带动学生积极性,我们就要通过带动教师建构学生积极性的形态。了解教师并不容易,但是值得尝试。

有些教师、家长和学生在学校开学的时候充满了斗志,有些家长在初为父母的时候具备了积极性,另一些学生在学习过程中找到了更大的动力,还有一些教师、家长和学生因为各种原因丧失了斗志。包括有些家长经历危机,有些老师在相同年级执教时间过久,或者有些学生曾遭受老师或者同龄人的不公正待遇。

学校里的激励可谓是千姿百态。有的教师站在学生之前,有的教师站在学生身边;有的教师经常与家长交流,有的从不交流。教师给学生怎样的信息?教师与家长进行怎样的交流?有的家长会把积极的或消极的家校交流反馈给校长。有多少家长和学生甘心事事听命于他人?为保证教师和学生毫无顾虑地面对校长,校领导需要持续不断地建设一个振奋人心的校园氛围,鼓励所有成员开展公开交流与合作。下面一篇基于真实的校园事件改编的短文,强调了合作型领导需要采用细腻的方式将教师的贡献最大化。

短文:找到自己声音的教师

弗兰克·内勒(Frank Naylor)教七、八年级数学,所在学区有约 3500 名学生。学校的数学系共 3 名教师,弗兰克十分尊重另外 2 名教师。有一年,3 人团队决定在年度专业绩效审查(Annual Professional Performance Review, APPR)中采用同侪观察的手段。另外 2 名教师非常投入,渴望交流,弗兰克尽管参与其中,却感到异常紧张。

弗兰克个性安静,不希望点评同伴。另外 2 名教师倒是开展得很顺利,唯独觉得弗兰克为人太和善,进而产生担忧情绪。为了解同侪观察的发展情况，校长克拉丽斯·欧瓦拉(Clarice Owara)女士在学期中组织了一对一谈话，她发现弗兰克从未对同事做过评价。他总是在听课之后说一句"做得不错"或"我很喜欢"。

正式会谈开始的时候，克拉丽斯并不是单刀直入地质问弗兰克为何没有进行同侪反馈，而是用咨询的语气了解进度。当弗兰克回答一切顺利的时候，克拉丽斯接着问："你对人特别和气，所以我想对你而言，反馈会特别困难，因为你会担心伤害别人。"弗兰克很认同这个观点，并承认他的确过得非常艰难，因为他认为"他有什么资格告诉别人应该换个教法"。

弗兰克和克拉丽斯决定后续几周里每周会面一次，来讨论弗兰克如何向同伴提供反馈，并且"不伤害别人的感受"。克拉丽斯向弗兰克提供了很多期刊上的反馈文献，他也逐渐提高了反馈的质量。正是因为参与全面、反馈有效，学校的同侪反馈在结束时更为成功。

为了让弗兰克有更多的提升空间，克拉丽斯最后说服他参加校内一些利益相关团体的会议，如校长顾问委员会(Principal's Advisory Council，PAC)，让他提供发展学校社区的策略。通过参与PAC的活动，他为教工会议制定目标，最后发出自己的声音，并把声音传递给他自己的专业学习委员会。

作为一名管理者，你会碰到很多阻碍教师发声的难题。从这篇短文中你可看到校长解决问题，用的是打开教师优点的形式，安全非强权地鼓励他走出舒适区。通过合作，既尊重弗兰克的善良本质，又满足教师反馈的要求，实为两全其美之策。

2. 校园氛围：一切生长的版图

如果校园的氛围是全纳包容和互相扶持的，那么无论欢喜悲哀，家长和学生更愿意与校长沟通。校长的一言一行都影响着校园氛围。在包容互助的校园中，教师们愿意与学生一起冒险，因为他们知道，无论成败，仍能在校长的支持下获得无数学习机会。教师间既分享成功，又互相学习。听起来像乌托邦，但这样的现象的确会发生。

乔纳森·科恩领导的全美校园氛围中心（National School Climate

Center，NSCC，2014)定义的校园氛围概念是：

> 学校生活的品质和特征。校园氛围以学生、家长和学校全体教职工的学校生活体验的模式为基础，反映学习常态、目标、价值观、人际关系、教学实践和组织结构。

NSCC 定义的校园氛围是可持续的，目的是为今后培养对民主社会公民有用的年轻人。丰富、扶持的校园价值观赋予人们社交、情感和生理安全感。理想的校园氛围又是合作的，学生、教师和家庭共同建构办学理念，让学生享受学习;同时，所有学区成员在校内外事务上主动贡献智慧和力量。

合作型领导的首要责任是确保校园的氛围丰富滋养，如 NSCC 所描述的一样。在衡量校园氛围的时候使用什么评价尺度? 采取什么步骤改进校园氛围? 如何改进校园氛围的特定方面，如培养年轻人成为未来的公民、确保校园安全、实现合作或使学生好学?

校园氛围改进建议

- 校园内张贴学生艺术作品。
- 艺术作品技艺精湛，能激发参观者讨论。
- 鼓励教师组织校内的画廊参观活动，激发学生学习热情。
- 讨论交流侧重可学而非可教。
- 确保教师在课堂里使用正确的措辞表述边缘团体(比如种族、性别和性)。
- 鼓励教师在课堂内与学生就社会公正议题开展辩论(比如白人特权、黑人生命同样重要、同性婚姻等)。
- 建立同性恋—异性恋联盟(Gay-Straight Alliance，GSA)让学生有认同感。

若情况与良好的校园氛围相反，就会激起教师和领导者之间的紧张关系，这样造成的结果是毁灭性的。冒险精神若被盲目跟从所掩盖，互不扶持和有敌意的校园氛围就会随之而来。有敌意的校园氛围关注学习的盲从而非冒险精神，这在高风险考试、高问责体系、高强制管理的领域中更容易发生。社会情绪学习让步于考试分数和年级竞争，成为"后排乘客"。

不是所有人都认为教师在促进办学。有时候是因为他们没有意愿，还有时候他们想努力但领导不批准(DeWitt & Slade,2014)。合作型领导与全员的交流方式有助于包容互助的校园氛围的产生。就像托德·惠特克(Todd Whitaker)说的："校长打喷嚏，全校流鼻涕。"

3. 认知、建构、激励

认知——办公室呈现友好和活悦的气氛。办公室通常是到访者最先看到的地方(其次是卫生间，要非常干净)，等家长到了办公室，你就来不及再重新塑造第一印象了。就算在最繁忙的时候，办公室的工作人员都要给人温暖惬意感。

建构——积极的人际关系、关注学习中心。合作型领导能与最难打交道的成人与学生开展成功的交流，并确保学习成为交流的中心。通过提问获得问题的核心。"先理解，再被理解"(Convey, 1989, p.247)，理解问题之后，再讨论问题对学习的影响。

激励——学生若对学校的规章制度产生疑问，鼓励他们与校方约谈。在课堂上写请愿信这样的形式更好。这样能激发出学生的声音(Quaglia & Corso, 2014a)。

4. 加强沟通促进教师效能

管理大师斯蒂芬·科维在《高效能人士的七个习惯》(*Habits of Highly Effective People*, Stephen Convey, 1989)里提出情感账户的概念，这对合作型领导极为重要。白天与教师、学生、家长相处，晚上与伴侣、夫妻和家人相处，成年人都在使用情感账户。积极的对话或者真正的倾听，帮助对方解决问题，便可为情感账户储存"货币"，即存款。当家长在行道边向你请教，当教师推心置腹地求解私人问题，当学生来到办公室寻求帮助，每当这些时候校领导就是在向情感账户存款。每个欢声笑语，就变成校园氛围账户里的存款。没有这些存款，合作就无法发生。

有时候事情并不能如你所愿。领导者也许说多听少，或是解释多解决少,这都是在支取情感储蓄。有时候我对家长有戒心,不容对方开口,只顾自己滔滔不绝;或者是我主持的教师评课会议主题消极(消极并不是有害或责骂),这就是在支取我自己的账户存款。在教学实践中,我忽略了教师教学的积极成果,危害了我的人际关系氛围,逐渐的,这个情况会透支整个校园氛围。

合作型领导应当存储而非支取,尤其是对于学校这样的复杂机构。支取当然更容易,但校领导和教师们应该少想着如何在争论中获胜,而多思考如何创造双赢的人际机会。

加强沟通建议

- 关注到学生、家长和教师的积极一面,并告诉他们。
- 在与教师、家长或学生进行艰难的对话后,做好后续跟进。
- 在与教师、家长或学生进行启发性的对话后,做好后续跟进。
- 用致电或写邮件的形式,每周联系五名家长,分享他们的孩子在校的积极表现。

上述建议听着有点"肉麻",但是事实上对人际关系的促进非常大。与家长联系更紧密的教师们更容易在课堂上采取健康大胆的教学尝试。

5. 风险尝试和规则遵守:找到平衡点

我在写这个主题的时期,恰逢推特、脸书和其他社交媒体充斥着校园氛围岌岌可危的信息,其中就有高风险考试的战争。高风险考试始终占据着学校话题的榜首,也是校园氛围和合作领导的极大阻力之一。无论我们支持哪一方,都有一条账户分界线,要么存储,要么支取。

大量学生选择退出 2015 年的高风险考试,如果测试、评价、教学言论还是一成不变,2016 年的弃考人数大有增长的趋势。高风险测试及其反对运动成为主流,这是我始料未及的。

在考试风靡美国学校以前,我相信校园倾向遵守规则,而不是风险尝试。合作型领导需要在规则和风险之间找到平衡,对社会情感、学术学习抱有同样的关注。

萨拉·斯帕克斯(Sarah Sparks, 2015)根据《教育周刊》的一项问卷调查结果指出，尽管社会情绪学习(social and emotional learning)在学校里已经取得一定的地位，但它仍面临挑战。不到一半的受访者认为学校对社会情绪学习重视不够，超过三分之二的受访者表示接受的社会情绪学习的培训不足。在社会情绪学习挑战的开放性问题中，大约每三名受访者中有一名表达了悲哀，认为社会情绪学习不得不让位于其他事务。

合作型领导要时刻保持对学习评价、高风险测试、学生社会情绪和学业需求的关注，同时也要满足教师们的社会情绪需求。

> 合作引领要保持在学习评价、高风险测试与学生社会情绪及学业需求之间的关注。但是，这也意味着要满足教师们的社会情绪需求。

在《从为什么开始：伟大的领导者如何鼓励人人采取行动》(Start Within Why: How Great Leaders Inspire Everyone to Take Action)一书中，西蒙·西内克(Simon Sinek)描述了西南航空创始人赫伯·凯莱赫(Herb Kelleher)先生的经历。凯莱赫管理西南航空20年，使之成为当时营利最多的航空公司。就算在经济大萧条期间，西南航空仍是盈利的。凯莱赫认为"公司的责任首先是关照员工"，这个观点导致他被认为是名异教徒。他说"有快乐的员工就有快乐的顾客，有快乐的顾客才有快乐的股东——就是这个顺序"(p.83)。

借鉴凯莱赫的这个哲学，我们要确定教师快乐，从而保证学生快乐。学生愉快，关注学习，回家后是积极地描述学校生活的一天，家长就快乐，校董会的工作就减少了，于是董事会成员便快乐了。

我们了解利益相关者的真实需求，鼓励他们进步，同时提供改进的措施。运用"认知，建构，激励"的策略，领导者在提升教师效能上将大有可为，可帮助奋斗中的教师稳步提升，并朝着最高绩效的层级前进。创造公开合作的校园氛围，增值教师的情绪账户，减少校内的变量影响，就能保证学生学习的效果最大化。

6. 校内变量

最近的研究表明,学生的学习断层现象校内比校际差异更大。

在《教育中什么最有效:精通合作的政治》(*What Works Best in Education*: *The Politics of Collaborative Expertise*)中,约翰·哈蒂(John Hattie, 2015b)写道:

> 若要真正改进学生的学习,关键是要找到最大的障碍。这个障碍就是**影响学习的校内因素效应**。在西方国家中,校际变量比校内变量影响值小很多(Hattie, 2015)。比如 2009 年 PISA 阅读能力测试结果证明 OECD(经济合作与发展组织)国家中校际变量是 36%,但是校内变量是 64%(OECD, 2010)。(p. 1)
>
> 我们完全有理由认为解决校内的变量,同时增加所有教师的教学效果,就能实现全面进步。所以要将教师影响学生学习的效应量提到很高的标准上。联邦教育法"不让一个孩子掉队"(No Child Left Behind)应该改名为"不让一名教师掉队"(No Teacher Left Behind)。(p. 2)

哈蒂建议:

> 我的观点是,对学生进步影响最大的因素是有高度专业化的、有灵感的、有激情的教师们与校领导的合作,让在这种关照下的学生学习效果最大化。校领导的重要任务是:引导教师专业发展和实现成功转变。整个教育系统也要有所承担:提供相应的支持、时间和资源。聚集三方(教师、校长、教育体系)的力量形成合作专业体。(p. 2)

合作型领导此时进入学校视野。我们回顾书中提到的教师鼓励策略,来强调其重要性:

- 创造积极的校园氛围,学习始终是中心。
- 与教师营造共同的学习氛围。

· 与教师共同建立教学目标,开展更有效的同侪观摩活动。

· 共同建立目标,利用教师会议实施专业化发展(我在第五章中将进一步介绍)。

参与目标建设让教师觉得在校内有话语权(Quaglia Institute of Student Aspiration, 2015),有利于积极的校园氛围的构建。拥有话语权并不意味着一定能心想事成,但至少说明教师在参与学校事务中占有一席之地。

7. 鼓励教师发声

教师的声音？什么意思？领导者但凡听到这个词就会有担忧,认为那

> 罗素·格里亚认为教师的声音不仅是教师获得的像参与办学目标制定的机会,还包括是否能够舒适地向校长直抒己见的机会,以及校长是否聆听的机会。

是少数人利用教师话语权管控会议。合作型领导要换个视角看待这个问题。校长鼓励教师发声的程度,是同教师开展合作的意愿和建立共同学习目标的强烈程度直接联系的。我们先对"声音"下定义。罗素·格里亚认为教师的声音不仅是教师获得的诸如参与制定办学目标的机会,还包括是否能自如地向校长直抒己见的机会,以及校长是否聆听的机会。

这种合作能激发更大的动机。发表在《寻找共同点》(*Finding Common Ground*)博客上一则 2015 年的问卷调查(目前在线问卷已无从查找)要求教师迅速回答"我想校领导尊重我的声音",结果如图 3-1 所示。

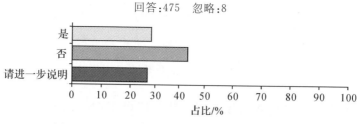

图 3-1 "我想校领导尊重我的声音"问卷调查结果

约 30%的教师回答"是",41%的教师回答"否",将近 28%的选择"请进一步说明",并认为"有时候"他们的校长看似尊重教师的声音。在花费了无

数精力、付出了无数努力的学校里,很大比例的教师感到他们的声音没有被重视,这点太令人伤感了。领导应如何鼓励想要发声的教师们呢?领导者可以通过问卷调查的方式了解教师对校园氛围的真实感受,并在教师会议中进一步深入,商定可行的行动方案。这样虽然并不能解决所有的问卷问题,但至少可以讨论问卷结果,至少解决一个难题。

另一方面,就是教师们丝毫不想参与。一名有九年教龄的教师写道:

> 教师们需要领导。校长并不会多发教师工资,为什么要求教师参与其他的比如主持教工会议的工作?很多校长们不需要再做决策,因为这些都被"共享"了。我全天上课,没工夫做校长的事情。

,这是一个很有意思并让人大开眼界的回答。尽管可以进一步对反馈进行心理分析,但已经很明确的是,该教师认为学校里人人各司其职,一切职能不应重叠。为什么有教师会觉得与校长合作没有必要?为什么教学只属于教师,而管理和处罚只属于校长?这个问题会不会和教师的自我效能有关?教师个体对他们的角色有什么看法?虽然这可能只是一名教师的想法,但也可能代表了每个学校里至少有一名教职工有类似想法。

教师和校长的角色不是一成不变的。无论以往是否如此(现在很多情况下还是如此),有的校长认为他们的工作是管理和问责,有的教师认为他们的工作就是课堂教学,这样的思想对学习效果没有帮助。为了让所有学生发挥最大潜力,教师们就不可避免与同事、与领导的合作。

我们需要鼓励校内为所有利益相关者发声的校长,最佳做法是让领导者和教师树立共同的目标,并就这个目标不断讨论。这些讨论让每个人的想法、观点和需求都能被听到,合作精神将鼓励所有利益相关者共同承担办学责任。当然,这也同样为教师提供退出的机会,如果他们希望的话。

开展对话的重要环节是互相尊重与合作。对于分歧无须害羞,校园文化应该支持不同见解,通过有效合作促成共同的目标。与有抵抗情绪的教师开展独立对话,也许能让领导者了解抵抗的原因。是否有可能通过提供资源让他们参与合作?教师抵抗可能是出于对信息不对称的担忧。有时候,他们需要留在队伍后面,或接受温和的督促。但底线是,如果抵抗的教师对孩子做了不正确的事,就需要被领导指出。我相信这类教师是极少数的,大多数教师会直面挑战,尤其是在他们的心声被尊重的时候。

让每个人都参与绝非易事。校领导要创造分享的机会,自上而下建立高度的人际信任。也就是在大多数对话中,无论是私人的还是职业的,都是在情感账户中存储货币(Covey,1989),从而制造大量的合作机会。领导者要制造最佳合作,而最佳合作只会从互相维系、互相学习的机会中产生。

鼓励教师发声,也意味着领导者有时候置身于风险之中,不得不听一些令人不快的信息,还得采取行动。但有一点是肯定的,像听到上述教师说的他的任务并不包括校长工作时,领导者还是要反复阐述合作的重要性,要关注教师的集体效能。教师合作是运用合力将校园的学习氛围尽可能提升,每个人都应该做出自己的贡献。

8. 教师集体效能

瑞秋·吉恩·伊尔斯(Rachel Jean Eells, 2011)在她的《教师集体效能与学生成就关系的元分析》(*Meta-Analysis of the Relationship Between Collective Teacher Efficacy and Student Achievement*)的博士答辩中,引用了阿尔伯特·班杜拉(Albert Bandura)1997年提出的自我效能的定义,即"对个人有能力在组织和执行特定任务时能取得特定成果的信念"。她进一步写道,就算没有成功的表现,学习和变革也必定会发生。此外,"掌控某项任务是影响心理变化的最重要方式",所以就能改变个人的自我效能感(Eells, 2011, p.19)。借助班杜拉的研究,伊尔斯认为个体的自我效能期待很大程度决定了其目标的选取、所须努力程度,以及抗压能力的持久性(Eells, 2011, p.19; Bandura,1977, p.194)。

学校领导者的任务是促进教师效能。教师效能若发展,互助包容的校园氛围则形成。同样的,校园氛围反过来引领教师,促进其效能发挥和引导学生学习。相反的,如果学校领导者不去营造自我实现的校园氛围,让教师们不相信自己具备帮助学生成功的能力,那么学生就真的无法成功了。(Ashton & Webb, 1986; Eells, 2011, p.36)

　　了解教师现状,激励教学水平提升,同时提供学习和提升的方法,领导者便能影响教师效能。记得凯莱赫说:"有快乐的员工就有快乐的顾客。"伊尔斯引用了帕特丽夏·阿什顿(Patricia Ashton)、罗德曼·韦伯(Rodman Webb)、南希·多达(Nancy Doda)的成果,认为教师的效能等级不同,主要体现在教师行为和学生表现上;效能信念并不是永久不变的,它受到各种变量的影响;效能感也很难长期维持(Ashton& Webb, 1986)。效能是"每天的协商"(Ashton et al. , 1984, p. 380),受情境的威胁或支持。效能与成就、积极的课堂氛围、组织结构以及高学术期望相关(Ashton et al. , 1984)。(Eells, pp. 37-38)

　　集体效能与自我效能同样重要。班杜拉(Bandura, 1997)认为集体效能(collective efficacy)是"团队的共同信念,认为团队结合的能力在组织和执行特定任务时能取得特定成果"(p. 477)。伊尔斯(Eells, 2011)认为:

　　　　团结让人们可以完成个人无法完成的工作。团队影响变革的信念促使社会行动。集体效能有助于人们认识到共同命运,并在组织层面发生改变。(p. 51)

　　考虑校园氛围的同时应兼顾个人效能与集体效能,我们选择教师集体效能(Collective Teacher Efficacy, CTE)。戴娜·布林恩森(Dana Brinson)和露西·斯坦纳(Lucy Steiner)(Brinson & Steiner, 2007)认为 CTE 是"教师对于全员努力会积极影响学生的认知"(p. 3)。关于教师的集体效能,我们可以进一步参考迈克尔·富兰和乔安娜·奎恩(Fullan & Quinn, 2015)的研究,他们认为团队必须保持"连贯程度"(level of coherence)的一致,因连贯程度是"组织成员对工作本质的深度共识"。促进教师发声、共建学校目标是实现深度共识的关键。

　　伊尔斯的元分析研究获得了哈蒂的支持,即教师集体效能可以产生值为 1.57 的效应量,远高于哈蒂的一年学术进步的平均值 0.40。学校领导者如何认知、建构和激励一种以教师集体效能为中心的氛围呢?

合作型领导通过以下方式促进 CTE

- 提供并与教工共同设计校内外的专业发展项目。
- 创造校内管理团队,维持共同合作的强烈愿望,并产生辐射效应。
- 鼓励和要求教师在校内各类会议上示范先进做法。
- 进行面对面交流或者电话沟通,不要通过邮件表达消极的信息。
- 有问题的邮件保留到第二天早上再发送,并审视是否真的有发送的必要。
- 谨记,发送怒气冲冲的邮件只会降低教师的效能感。
- 让教工参观其他学校,学习他人的教学实践。

　　合作型领导提出期望,教师不应该闭门造车,而应通过合作更好地了解学生需求,激励他们超越自己,并形成一种校园氛围。一切始于教师的自我效能,随后逐渐产生一种集体的效能感,最后形成教师集体效能。罗杰・D.哥达德(Roger D. Goddard)、韦恩・K.霍伊(Wayne K. Hoy)和安妮塔・伍尔福克・霍伊(Anita Woolfolk Hoy)(Goddard, Hoy & Hoy, 2000)认为:

> 　　要理解教师集体效能的影响力,有必要理解教师们塑造学校规范环境的共同信念。这些共同信念构成学校文化。教师合作效能是对学校的规范环境以及影响个人和组织的行为方式的概念化。也就是教师相信自己和学校有能力教育学生,并能形成影响办学行为和成就的范式。(p. 502)

　　让教师合作对学生学习产生强有力的影响并不稀奇。校领导要了解教师们的效能情况,鼓励他们进步,同时提出方案。戈达德等人(Goddard et al, 2000)认为:

> 　　此外,管理者要同时关注教师能力和任务难度。仅仅聘用和留住最优秀的教师是不够的——管理者要相信他们能战胜困难。当教师们把自己当成是既能干又直面挑战的集体一员时,他们所指导的学生比低效能教师指导的学生获得的学术成就更高。(p. 503)

以学生为中心,校园氛围、自我效能、集体效能与学生的学习息息相关。通过联合努力,领导、教师、职工建立共同的目标,实现学生的全面发展。

为对今后的大学学习和工作做更好的准备,学生要能够清楚表达学的内容、学的方式和学的目标。在"可见的学习"培训中,我们将这称之为培养学生的自评能力,这是自我效能低的教师无法促成的。而教师的集体效能得以让所有学生具备自评能力,这将在下一章作进一步讨论。

下面的短文来自明尼苏达州获奖校长马克·弗兰奇(Mark French),他介绍了领导者鼓励教师发声的一些策略。

9. 办学故事——教师们也需要有声音!

马克·弗兰奇校长,莱斯雷克小学

梅普尔格罗夫,明尼苏达

很多研究报告、观点评论、网络平台以及教育界领导者鼓励学生亮出声音。学生的声音通常描述的是教育者应该鼓励并给学生权力掌握他们的教育。作为一名小学校长,我侧重教师如何鼓励学生在课程学习、教室活动,以及在校其他时间段里亮出声音。

教师们也需要发出声音。他们希望受启发、被赋权,掌握职业主动权。作为莱斯雷克小学的教学领导,我采用了大量策略鼓励老师们发声,同时让这些声音与教学、制度和政治结合起来。

第一个策略我称之为认同、授权和参与。我所在的奥西奥学区(Osseo Area Schools)位于明尼苏达州的梅普尔格罗夫,上学年末正经历着一系列的大规模变革,其中一项包括对所有学校的年级重组,所以每所学校要建立利益相关者工作组,开展过渡工作。我受到启发,随之建立了过渡工作组、计划工作组、公平工作组、学生支持工作组和校园氛围工作组。我为每个工作组确立了团队领导者,鼓励其余教师参加到一个或者多个工作组中,在相应的限定范围内,让他们不受拘束地收集有用的信息,开展头脑风暴,找到解决方案,最后提出建议。

　　另一个鼓励发声的策略是新学期前,我会主持一些教师选择性参与的倾听聚会,用非正式交流的形式听取教师反馈。这些非正式交流可以在喝咖啡、喝茶或只是喝苏打水的时候进行。我倾听、收集反馈,并对办学进行批判性思考,比如询问教师"你觉得我们应该继续哪些做法?""哪些做法你觉得可以舍弃、改变或者调整?""告诉我你觉得学校哪些方面做得最好?"活动对学校的新领导大有裨益,而每隔几年听取教师想法,对颇有经验的领导同样有效。明年是我做校长的第 11 年,我会为支持我的教工举办倾听聚会。

　　在教工会议或教师培训中,我鼓励教师发声的一个简单技巧就是重新编队。人们的行为有固定模式并希望安逸,有的时候我就会打破这个模式。每一年我都创造两组名牌来重新编队。一组名牌罗列的是职位信息,像"五年级""媒体专家"之类的;另一组是教师的姓,用来组合特定人员。打乱分组可以在讨论中听到不同声音,也促进教师之间的互相倾听,获得年级外或者组外人员的观点。

　　最近我增强教师声音的举措是利用技术手段。首先,我会使用手机应用和程序,如 Poll Everywhere、Plickers,来征集教师的意见反馈。我通常采用匿名的形式,因为有时候获得反馈远比知道是谁提建议更重要,教师也会对观点的匿名性表示感激。技术同样可以帮助教师利用社交媒体实现发声。我们学校的教师使用推特、脸书、网络电话、图片分享等社交媒体,贡献他们的思想、观点、资源,分享学生作品、课堂内外和校内外的事件。

　　学区教育督导运用这些策略捕捉校长的视角和声音,作为校长,我也结合这些策略,让教师们在职业发展和学习工作中发出自己的声音。

10. 认知、建构、激励

　　认知——校长必须意识到,不是每个人都认为校长会倾听。这意味着我们要寻找各种途径与教师建立联系。效能问题在任何一类学校都是客观存在的,我们应该找到方法确保教师声音被倾听。

- 多听少说的个别对话是第一步。

- 发放问卷,并且切实把问卷建议付诸实践。
- 教工会议的目的是让教工带着主意来,带着更好的主意离开。
- 与校董团队合作了解校园氛围。校园氛围是积极的和包容的,还是有敌意的?
- 在教工会议上讨论校园氛围。把此事安排到议事日程上,分享本书中关于校园氛围的定义,并在会议中进行讨论。
- 找到相应的问卷评价校园氛围。登录全美校园氛围(National School Climate Center)网站,点击"校园氛围",找到"衡量校园氛围"的链接。

建构——好的学习者才能建构好的学习方式:坚持科研,使用数据,在教研会议上讨论数据并了解其影响力,形成年级或教研组会议的常规。学校所有利益相关者都在观察我们的行动。他们观察我们如何与学生和家长互动、如何开展家校会谈。

- 现在你如何建构高效的教学?是否使用翻转策略,也在管理层面实施?
- 如何定义风险承担?是否有目的地尝试新鲜事物,同时将经验分享给师生?

激励——瑞秋·伊尔斯的研究发现,教师团队中有一部分人无法实现学生的进步。情况有多糟糕?他们的课堂里充满着对学习感到束手无策的学生。我们可以通过翻转会议激励教工,实施问卷调查寻求信息并采取行动,保持沟通渠道通畅,承担学习责任。

- 你如何与利益相关方讨论学习?
- 谁是你最好的老师?你如何知道?他们中间哪些优秀的教学示范能够激励其他人尝试创新?
- 你的校园氛围是否鼓励教师之间互相听课?课堂观摩仅仅是第一步,他们如何运用所学?

11. 问题与讨论

- 你如何构建包容的校园氛围?

- 你是否利用教工会议和董事团队参与对真正困难议题的讨论?
- 你如何促进教师发声,让教师感到拥有话语权?
- 明天你可以采取一项什么措施促进集体效能的建设?

第四章　自主评估型学习者(1.44)

在学校里,伟大的校长知道他们的主要工作不在于提高测验成绩,而在于建立学生、教师、家长和职工共同体,并分享一系列的共同目标。

肯·罗宾逊爵士(Sir Ken Robinson)

1.自主评估型学习者

毫无疑问,既然教师集体效能具备高效应量值(1.57),学生为自己设立高期待同样具有高效应量值(1.44)。两者有关联性,即相信自己的教师能获得成功,相信自己的学生也能获得成功。领导者的任务是在教师和学生中激发越来越强大的效能感。

这一章关注学生自主评估学习的能力发展,同样也涉及自主管理学习的能力发展。自主评估型学习者是能够自行对学习情况进行评估的学生。他们敢于尝试,并且知道如何处理未知情况。用"可见的学习"(认知)中的语言来说,就是他们知道自己所处的学习阶段,如何实现进步的方法(抵达目标),以及下一步做什么。自评能

> 自主评估型学习者是能够自行对学习情况评估的学生。他们敢于尝试,并且知道如何处理未知情况。他们知道他们现在学习的情况,如何实现进步的方法(抵达目标),以及下一步做什么。

力并非仅仅基于成绩,而是基于成长,即自身的需求差异导致每个学生的自

评能力不尽相同。哈蒂的研究,尤其是其对于学生期望的观点,对合作型领导角色有着极为重要的影响。

我们能找出自己的学生群体中,哪些是自我管理者或自我评估者。但是,往往更多的情况是学生不知道他们该怎么做。领导者要构建这样的校园氛围,鼓励教师们不仅仅简单听从规则,而且大胆尝试并使用尽可能提高所有学生自评能力的新策略。无畏风险的校园氛围要求领导者向教师澄清尝试创新的自由,并且让他们无须担心年终考评的影响。给教师空间经历成功与失败,防止他们在挑战面前畏缩不前。无畏风险的校园氛围的另一个好处是教师们更倾向于鼓励学生积极挑战学术难题。

自主评价的学习理念适用于在校的每一类学生。每名学生,不论学习进展乐观与否,都能对自己的学习负责。这意味着学生们对自己学习产生最大的影响,同时随时获得教师的帮助。合作型领导将所有因素整合起来,填补学生、教师、家长之间的距离。

当教育者看到"评价"这个词的时候,他们想到的或许是过程性评价及其对师生的帮助程度,又或许是高风险测试。任何评价都很重要,因为可以让教师和领导者看到学生的学习进展。可惜的是,很多情况下学生将来可能的进步被忽略了。

作为校长,我一直希望评价能展示学生的学习进展,但是有太多的硬性的评价形式导致评价成为争论的热点。有两位研究者提升了我对评价的理解。第一位是约翰·哈蒂,他发现评价能力是影响学生学习进步的最大因素。他认为自主评估型学习者清楚学习的进展、学习的方法和下一步学习的方向。这意味着教师必须让学习者参与讨论,这些讨论帮助学习者形成独立精神,没有成人在场时他自己也知道该怎么做。

为了更进一步理解评价,合作型领导应该知道雪莉·克拉克(Shirley Clarke),她是形成性评价领域的英国专家。克拉克在2015年为《寻找共同点》写了一篇博文,有助于我们更好地理解形成性评价及其运用的策略。

形成性评价:对的时间问对的问题

雪莉·克拉克

2015 年 5 月 8 日

blogs.edweek.org

由于对教学中形成性评价的原理探索和运用实践充满了热情,我与英美的行动研究团队一起实验,寻找将学生成就最大化的方法。形成性评价,不幸被打上标签,有时被误解成持续的终结性行为或者教师向学生索取信息的方式。

形成性评价,事实上,其构成有大量要素是促成而非测量进展,使学生达成熟练评价,包括:

• 成长型思维模式的学习文化(Carol Dweck)和元认知或者学习"能量"(Guy Claxton)。

• 学生参与学习单元计划。

• 有效对话和讨论。

• 有效提问。

• 知道课程学习目标、共同建立成就标准。

• 有效和持续的自我、同伴和教师反馈。

让我们运用其中一条,即在上课前用精彩的提问让学生立即参与到学科主题的学习中,建立先验知识。

很多教师上课前的课堂常规是知识回顾型问答和"请举手"的活动,这种课堂文化让很多学生退缩。

一旦谈话同伴建立(我的研究证明每周谈话同伴随机配对是最有效的),就可以消除"请举手"现象,因为每个问题伴随着简短的讨论。教师从罐子里随机抽出一条姓名"棒冰棍",决定哪组伙伴回答问题,因此每名学生都最大限度地关注课堂。不像"请举手"这样的情况,每个学生必须要说、要想。

回顾型提问是教学常态,所以我工作的一个任务就是找到适用于任何学科、任何年龄段学生的智慧提问模板,从而把回顾型提问转换为高品质提问,进一步加深学生理解而非简单评价,这样的课堂开场将会极为精彩。

目前我已经收集了至少 10 个模板,最受欢迎的是:

- 一系列"答案"。

- 一句陈述。

- 对与错。

- 哪里不对劲?

- 从后往前。

- 排除一个。

- 持反对立场。

- 排列顺序。

- 总是,有时,绝不可能?

- 真实生活的问题。

记住,所有上述策略要求同伴先进行交流讨论,而不是针对整个班级。我们来看看其中几个。

一系列"答案"

注意以下并列的"答案",哪些是对、错或"有可能"。最模棱两可的"答案"最能获得丰富的同伴讨论结果。对年纪小的孩子可以使用图片。

哪项运动能增强心脏功能? 讨论:骑车、走路、打高尔夫、游泳、跳伞、掷飞镖。
好友的特点是什么? 讨论:善良、永远诚实、分享糖果、霸凌、外表好看、忠心。
植物需要什么来维持生长? 讨论:空气、水、柠檬汽水、巧克力、光、热、沙、土壤、牛奶。

一句陈述

这里是探讨学生是否同意相关陈述,通过同伴讨论给出理由。该技巧能在所有学科中使用。表格将传统的回顾型提问转换成意义更为丰富的陈述供同伴讨论。

初始有限的回顾型提问	再造转换的陈述型提问,学生支持或反对,并陈述理由
何种类型的锻炼增强心脏功能?	锻炼带来健康的生活方式。你是否同意,为什么?
哪类金属有磁性?哪类没有?	所有的金属有磁性。你是否同意,为什么?
为什么金发姑娘去了三只熊的房子?	金发姑娘是盗贼。你是否同意,为什么?
哪类药物对你有害?	所有药物对你有害。你是否同意,为什么?
我们为何需要监狱?	我们需要监狱。你是否同意,为什么?
为什么二战中柏林被轰炸?	战争中轰炸柏林是明智的。你是否同意,为什么?
365 的 45% 是多少?	365 的 45% 比 285 的 54% 大。你是否同意?请做解释。

一名苏格兰教师为学生展示了一张北欧海盗的图片并提问:"这幅图片展示的是一名北欧海盗。你们是否同意呢?"认同的学生给出的理由如"他的徽章有维京标志""他有披风"以及"他的胡子很脏",持反对意见的则会说"他没戴头盔,而所有北欧海盗都戴头盔""他没有毛皮袋""他的佩剑错了"。在《北欧海盗》这节课开始的时候,学生的先验知识和错误概念就一目了然了。

陈述也可以变成"总是,有时,绝不可能?"比如:

- 3 的倍数是奇数。
- 奇数乘偶数得到奇数。
- 车子自重越大,下坡的速度越快。

对与错

对错答案能提供给学生更多的提示、模型和机会,促进学生思考讨论,这远比从零开始要好得多。举例:

初始有限的回顾型提问	提供反例的提问再造
健康膳食是什么样的？	为什么这份餐健康，另一份餐不健康？（展示照片或实际案例）
植物需要什么来维持生长？	为什么这株植物健康，而另一株植物快死了？
电路连通需要什么条件？	为什么这条电路通了，而另一条没有通？
球反弹的条件是什么？	为什么这只球反弹，而另一只没有？
你怎么做出这道计算题？	为什么这道计算题对，而另一道则错？
谁能订正这句话的语法错误？	为什么这句话有语法错误，而另一句话没有？

持反对立场

这在讨论个人、社会及健康教育（PSHE）类问题的时候非常有效。值得注意的是这些初始问题是好问题，但之后的回答可能是预料中的、传统的。重新组织后的提问促使学生从非常规的立场考虑。如：

初始问题	变换立场，再提问
为何偷盗行为是不对的？	饥饿孩子的母亲是否考虑偷窃行为？
抽烟有何坏处？	抽烟应该是一种选择吗？
回收为什么是好的？	为什么塑料厂支持回收？
金发姑娘看到三只熊的房子时，她有何感受？	三只熊发现金发姑娘在它们家里，它们有何感受？
为什么在维多利亚时期，雇用儿童清理烟囱是残忍的做法？	维多利亚时期的工业家在雇用童工问题上如何为自己辩护？

不是直接问"灰姑娘认为她的继母怎么样"，而是问"灰姑娘可以怎么做而让她的继母成为更好的人"。

一位平时表现并不出众的学生这样写道：

"灰姑娘并没有为自己考虑太多。她应该支持自己，就该这么做。她应该告诉继母她感到非常失望。而继母也需要有人站出来告诉她别再做蠢事。灰姑娘本该多表示些友好，并告诉继母自己对她的爱。这样继母就不一定那么嫉妒她，有可能喜欢她。"

"排除一个"和"哪里不对劲?"

这两个策略在数学上最为管用。我曾看到一名教师上课讲等值分数,要求学生在 1/3,25/50,1/2,50/100 中找一个不同。白板上的学生答案中显示有两名同学不理解,老师马上要求他们与同伴交流,找出错误的原因。

在二维图形的课上,"哪个图形是与其他不同的? 你能找到几个不同的答案?"这样的问题既能保证多样化思考,又能了解学生已经掌握的情况。

结合学生的作业上课,可运用"哪里不对劲?",让学生进行知识分析和解构,进而实现知识强化与重构。学习了网格乘法后,一名教师问错在哪里:

计算一共多少糖果? 26,26,26,26,26,26,26

X	20	7
6	120	42

$26 \times 7 = 162$

错误并不明显,也就说明需要进一步的思考……

在我的第二张 DVD 中,教师为学生提供正确答案和一道错题解析。

那么小学生认为这些问题怎么样?

"我很喜欢遇到这样的问题,因为它们的确让人思考,对方也需要进一步解释。非常有挑战性!"

"我认为回答'对或错'的问题很好,因为能帮助我们进行更多的思考,能够与他人辩论。"

"我认为问题很好,因为给我们思考的内容和思考的时间,我也喜欢听到其他人的想法。"

"我们有时间交谈。懒惰的人也得给出答案。一点儿也不无聊。"

领导者能熟练运用形成性评价。不要有"自我坚持，定能成功"的观念，而是利用资源与教师建立对话，比如教工会议、专业学习共同体、年级与学科联席会议等。

领导与学生共同讨论评价的现象并不常见，但这点是可以改变的。合作型领导能在校内提供交流的机会。

在继续下一章之前，我想说有些问题应该进行公开讨论。常见的批判是，领导者已经不再教学了，(可能)缺少教学经验，或他们工作层级不匹配（小学校长去中学任职，中学校长去小学任职，等等），这些专业局限会妨碍他们指导教师进行诸如形成性评价的学习。

根据哈蒂（Hattie, 2012）的研究，教师学科知识位列 150 个影响因素中的第 136 位，其效应量值是 0.09，远低于 0.40 的平均值。但这并不意味学科知识不重要，而是教师仅仅具备学科知识，并不能保证学生能够完全获得相关知识。

中学校长比小学校长更容易面临这样的情形，他们要去观摩很多从未教过的课。哈蒂的研究成果证明了领导者仍然能够影响学生，并通过对克拉克和哈蒂等人研究成果的运用，帮助教师改进。

2. 优先听到学生的声音

领导和教师要对学生有更进一步的了解才能帮助他们具备评价的能力。这些能力从哪里来？怎么用才有效？为什么有些学生能采用，而有些却不行？学生若要能分享学习内容和学习原因，并进行自主评价，就要在课堂里有自己的声音。我在进行"可见的学习"培训时，经常听到校长和教师们说学生应该对自己的学习负责，但并不是所有的课堂和校园氛围都是鼓励学生主动发声的，或者都是鼓励学生遵守规则的。自评能力的培养从发声开始。

在一本具有开创意义的书——《学生的声音：变革的工具》（*Student Voice：The Instrument of Change*）（2014a）中，罗素·格里亚（Russ Quaglia）和迈克尔·科尔索（Michael Corso）向教育者介绍了"学生愿景框架"(Student Aspiration Framework)。愿景,可被认为是希望、梦想或者是对于利益相关者而言的重要目标,但它只有通过"实践"才能接地气,即目标要有可操作性。格里亚和科尔索认为"我们的愿景影响着我们的合作者、我们选择参与的活动,以及我们分配的时间"。领导者们都认同无论是小学、初中还是高中的学生,愿景对他们来说都非常重要。

愿景是梦想与现实的完美平衡。不幸的是,我们的学生大多时候并没有愿景,因为家长或教师没有认可或者鼓励他们的声音。格里亚和科尔索的 QISA(Quaglia Institute for Student Aspirations)框架(格里亚学生愿景学院)将学生的声音分成四个不同的象限。这四个象限是休眠、努力、想象、愿景(见图4-1)。

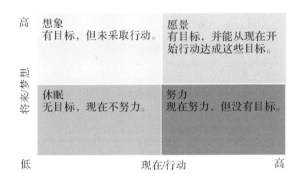

(感谢格里亚学生愿景学院提供表格)

图 4-1 愿景概况

休眠——QISA框架指出处于休眠阶段的学生行动能力低,希望用最小的努力和最少的交流打发时日。在日常生活中,这些学生就像游离在人行道上的影子,他们不与老师和同龄人交流,甚至自己的生活也不发生变化。原因也许是学校社区不够关心他们,或不够努力寻找针对性的激励措施;也许是学生中间有一些因为家庭困难,丧失了自我激励和目标抱负。每天,他们只是早上到校,下午离校,无法促进自我发现。因为无法实现完整的社会情绪成长,所以休眠阶段的学生很难实现学术成长。弄清他们的社会情绪和学习需求至关重要。

努力——努力阶段的学生与休眠阶段的学生则截然不同。他们极其刻苦,甚至在已达到教师期待后还是一如既往,但他们不知道真正的努力方向是什么。在传统评价方式下，他们可能显示出一定的学业进步，但若以未来或目标为依据评价学生成长的话，那么进步就不那么明显了。格里亚和科尔索(Quaglia & Corso, 2014)认为：

> 努力是描述那类学习极其刻苦，总是在努力，但缺乏方向和目标的人。这些努力持续存在，但没有向前进步。这类人勤奋但缺乏方向，他们繁忙但看不到有意义的未来。(p.16)

想象——"那些能够分享未来计划，但很少为实现目标付诸努力的人属于想象类型"(Quaglia, 2014a, p.17)。所以很多学生，包括成年人，目标远大却因为没有计划而无法坚持到底。创新初期的低潮总是阻碍他们前进的步伐。所有新的学习都会带来障碍，但这些对于眼高手低的想象类型而言，只得苦于停驻不前。就像电影《土拨鼠之日》(*Groundhog Day*)，想象力丰富的学生有的是奇思妙想，每天都有远大抱负，但是并没有采取必要的行动支持。有实际行动力的方案对这些学生极为有用。

愿景——理想阶段应该是愿景阶段。该阶段的学生既能平衡自身努力和目标设定，也能不断挑战自我找到适合学习的课程，从而实现全面的发展。在《可见的学习(教师版)》(Hattie, 2012a)中，约翰·哈蒂把这个能力称为自评能力。他们尝到了学习的甜头并且知道如何保持。格里亚和科尔索(Quaglia & Corso, 2014a)认为：

> 真正的愿景代表自己的将来，能带来目标清晰的视野和发挥自我潜力的激情。这类人有能力设定目标，同时在当下受到启发向目标进步。(p.19)

为了满足多元化需求，格里亚和科尔索提出八个必要条件。阅读时请思考这些条件是否对教师和校长的成长同样有效，以及为何对合作型领导力至关重要。

归属感——要有某种归属感，但同时不能放弃自我。成为团队成员很重要，但在团队内保持个体也同样重要。

英雄——学生需要有能够仰望的人。每个人，包括成年人，都要在生活中建立积极的人际关系。

成就感——任何事物都比不上任务顺利完成。参与学习能促进学生形成坚韧和努力的品质。

乐趣和兴奋——学习艰苦,但生活需要乐趣与兴奋。这也能促成学生在更高水平上更投入学习。

好奇心和创造力——给予多种学习机会和包容、安全的校园氛围,鼓励大胆尝试而非一味盲从,促进好奇心和创造力的产生。

冒险精神——《教师声音报告(2015)》认为"冒险精神是对开展健康冒险的支持,对犯错的信任和对任何好坏结果形成学习性的认知"。《学生的声音:变革的工具》中解释了失败的能力和意愿是冒险精神的"关键组成"。(Quaglia & Corso,2014a)

领导和责任——并不只应用于被成功选为领导者的学生,而是欢迎所有学生发表观点、想法和顾虑。

行动自信——学生具备了必要的技能和支持,拥有了以上七种经历,那么就具备了行动自信。

3. 激发自主评估的学习体验

《学生愿景框架》对促进自评学习很关键。首先,也是最重要的,框架让我们聚焦到学生。其次,运用"认知,建构,激励"的思路,我们可以同时参考每个象限,制订计划,找到学生的起点,找到针对在休眠阶段或需要积极目标的学生的激励

> 当我们知道学生学习起点的时候,就能更好地促进其自主评估的学习。

方法,并建构策略。当我们知道学生学习起点的时候,我们就能更好地促进其进行自主评估的学习。

所以既要关注教学实践,又要与学生建立联系,这就需要有强大的合作型领导。以下提供了一些方法,帮助合作型领导在校内获得学生的声音:

- 在人行道上与学生交流。
- 实行开门政策,学生可以随时到访。
- 开展学生问卷调查,向学生解释问卷结果,让学生知道建议被采用或

被拒绝的原因(如校内的墨西哥餐,每天三次大课间,等等)。

将该框架应用到教师时,能有助于我们理解为何部分教师在校期间效能低或处于休眠状态。如果我们可以找到教师们的象限,就能利用相关特征与教师展开指导性谈话。

学校愿景的确立需要教师、家长、学生集体努力,需要摒弃"我"的学校观念而用"我们"的学校观念。执行很容易,但是若要有效果,就需要花费很大力气来协调。一个可行的策略是,学校所在的学区建立代表全体社区的利益相关者团队,通过这个团队建立共同愿景。此后,所有学校的合作型领导利用校内的利益相关者团队确定学校达成该共同愿景的方式。我在第三章提到的校长顾问委员会(Principals Advisory Council, PAC),便是一个校内利益相关者团队,团队成员可以来自每个年级、特定领域和部分学生群体。利用家校会议、学校开放日,对方案开展讨论:

- 对我们小一点的学校社区而言,是什么样的愿景?
- 我们需要什么资源来实现这个愿景?
- 应该进行什么样的交流?
- 如何制订年度计划实现愿景,同时兼顾其他可能出现的问题?

如果校领导被赋予充分的办学自主权,那么仍然能利用相同的利益相关者团队创设共同的办学愿景。积极的校园氛围要求教师、学生、家长更踊跃地参与,为学校社区做出积极的贡献。决定学校愿景的时候,每位代表都是此项共建活动的组成部分。

愿景举例

- 我们认为好的学习是什么样的。(哈蒂)
- 所有学生该知道好的学习是什么样的。(哈蒂)
- 我们希望学生具备自主评估的能力。(哈蒂)
- 所有学生能定义"学习",能够说明他们的优势以及还需努力之处。

记住,愿景与任务有区别,因为愿景侧重的是理想和行动。有愿景的校长既是教师的教学指导,又是专业化发展的专家,还是学生、教师和家长的人际关系建筑师。

关注学习背后的原因以及愿景框架的使用,是与约翰·哈蒂的研究密切相关的。哈蒂的最高影响因素是成绩自主报告(现称为学生期待),效应量值为 1.44。哈蒂认为对自己有高期待的学生学得更好,这就是为什么学校领导者要建立特定的校园文化和氛围,让所有教师都为学生达到或超过他们的自我期待而努力。

4. 不仅仅是做"可见"的事

我在书中多次提到领导者不仅仅是做"可见"的事。"可见"以前通常指的是教工、学生和家长能在校内见到校领导。如果不是经常在校内出现,那校长们真的在做事么?校长如果只可远观,那他们在有效地与他人沟通吗?

与这些假设随之而来的观点是校长们应该"可见",这主要是出于安全和纪律的考虑。举几个例子:校长应该在校门口的人行道上等待校车抵达,确保每个学生快速进入课堂;应该全天在走廊里巡视确保学生正常的学习进展;应该巡视餐厅以防出现食物问题导致的争吵和斗殴;应该等放学后在人行道上确保学生安全上车回家。

仅仅"可见"是不够的。作为校领导,我每天努力完成我称之为"晨巡"的工作:在人行道上欢迎学生并与之告别,在教室向教师、职工和学生问好。

> **挑战**——作为校领导,你希望工作不止于"可见",但无法做到进一步深入,所以你必须要明了学生和教师的现状。
>
> **晨巡**——我在城市学校当老师的时候,迈克·马利特校长常常去每个教室跟学生和教师问好。在我与马利特校长共事的几年里,他一直这么做,当我成为校长后我也是如此。学生和老师开始把这个活动称为"晨巡"。这听着简单,但坚持并不容易,因为总有意外情况发生。但如果你尝试了,就会发现这有巨大的影响力。

此外,我选择中午在餐厅或者大课间室外,下午在教室里与师生互动。这并不那么容易,总有些时日不令人满意,但是这是我必须做的承诺。为什么这样做重要?这与自主评估型学习者有何关系?为了帮助教师开启学生的驱动力,领导者们应该建立某种联系。了解学生在课堂中的学习情况,有助于教师在儿童研究小组(Child Study Team,CST)中讨论干预措施,也有助于他们更好地开展家校联系会议,收集学生个体的学习情况。做比"可见"更多的事有助于我们与学生逐个建立联系。

有一则与学生建立联系的案例发表在期刊《校长领导力》(Quaglia & Corso,2014b)中。该案例描绘了管理者和教师同时参加一个名为"经历他们的一天"的项目,一整天"尾随年轻人,找到当学生的新视角。教师们要坐校车,去餐厅用餐,并完成家庭作业"(p.31)。

格里亚和科尔索写道:

> 有效的、以学生为中心的校长知道学生有很多值得学习的地方,能向学校提供解决方案。这些校长习惯性地向学生寻求正式和非正式的反馈。(p.31)

这类校长设立学生顾问协会,让学生加入委员会并参与部门会议,了解学生意愿并收集其对学校的改进建议。

挑战——作为校长,你想展示你幽默的一面,这样更平易近人和激励学生。但你发现很难与学生建立联系。

欢乐星期五——我们学校每天早上都有电子新闻节目,每周五由我来讲故事。学生们会把笑话送到办公室,我就在电台中播笑话。四个象限类型的学生都愿意我来讲他们的笑话,这是一种认可。笑话并不总是那么好笑,但我傻乎乎的播报给大家带来了欢乐。我很惊喜如此多的学生热衷于欢乐星期五。

要尤为警惕收集数据后公布调查结果,有研究显示,学生会因参与调查却未看到任何改变而逐渐丧失信心。校长和教师征求学生建议,但通常对校园氛围做的改进却很少,学生不会对这种情况熟视无睹。合作型领导要确保学生人人拥有话语权,他们的声音能够被听到,并切实对办学起到作用。

让学生发声不只是通过调查活动,还包括与学生在个人和学业上的互动。格里亚和科尔索认为:

> 我们看到一个校长与学生互动最有创意的一个方式是在餐厅供餐……

这样的日常场合很适合校长向学生提问。供餐后还能与学生一起坐，倾听他们的想法。(p.31)

合作型领导要与学生建立真正的联系。格里亚和科尔索的例子并非遥不可及。为全校各年级学生打餐，欢迎学生下校车，与他们在走廊上聊天而不是用高高在上的口气质问"你该去哪里"或"你在教室外面做什么"。

校长每天都有真实的机会，能像教师一样与学生建立类似的联系。作为校长的优势之一是他们能随着学生的年级增长而加深联系。通过时间的积累和反馈，学生们能知道校长的确在倾听他们的声音，并继续孕育这些声音。想要达成这种效果，校领导必须质疑现状，承担变革任务，怀抱这个目的，度过在学校的每一天。

5. 合作型领导力心智框架

哈蒂详述了10条心智框架对领导者和教师的重要意义。其中一条让教育者和领导者思考的是将自己看成变革动力。我们要以更积极的视角看待学生和学习。哈蒂和科尔索(Hattie & Corso, 2014a)写道：

> 教师/领导者相信学生的成败与学生自己、教师、领导者相关，无论是直接的或者间接的……我们是变革动力。(p.183)

> 教师需要将自己视为变革动力，而不是协调者、开发者或建构者。他们的任务是让学生变成我们想要的样子，学到我们希望他们知道和理解的，而这当然强调了教育的道德目标。(p.184)

合作型领导能够支持学习心智框架。他们通过提供资源和专业化发展培训建构良好的校园氛围，促进教师、职工、学生参与学习和对话，并影响着学生的学习。也许之后的研究会显示教学型领导的效应量值有所增加。

学习心智

1. 我是评价者

2. 我是变革动力

3. 我关注学习而非教学

---

4. 我认为评价即对自身的反馈

5. 我参与对话而不是独白

6. 我乐于挑战

7. 我建立积极的人际关系

8. 我使用学习的通用语言

9. 我认为学习是艰苦的过程

10. 我合作

对于一些校长来说实现合作型领导方式的转变并非易事,因为他们缺乏专家引导或有效技能。除了他们自身的心理障碍之外,还有隐形障碍阻止校长进入教师课堂。比如"行政楼是你的阵地,教室是我的阵地"这样的思想屏障,就需要花费时间、精力和积极的人际关系才能解除。唯一的解决方式就是实践,让校长、教师、学生和家长合力进行所有问责评估和高风险测试。可惜的是,很多领导者并没有采纳这些做法,一来是难度高,二来是惧怕遭遇太多抵制。下面的博文由加州四所学校的校长提供,他们坚信校园内"可见"的必要性,并认为应利用多种电子工具实现联系。

校长:请离开办公室!

2014 年 9 月 7 日

blogs.edweek.org

亚当·维尔康姆(Adam Welcome)校长,蒙特小学(Montair Elementary School),加利福尼亚州丹维尔市

肯尼斯·达勒姆(Kenneth Durham)校长,萨克拉门托新科技高中(Sacramento New Tech High School),加利福尼亚州萨克拉门托市

珍妮弗·科洛科茨科(Jennifer Kloczko)校长,那托马斯特许小学(Natomas Charter Elementary School),加利福尼亚州萨克拉门托市

埃里克·萨贝尔(Eric Saibel)副校长,昊尔初中(Hall Middle School),加利福尼亚州拉克斯珀市

亚当·维尔康姆 @awelcome

去年刚在推特上听到"无办公日"（No Office Day）的时候，我觉得很好笑。我的办公室主任经常说："我从没在白天见到亚当，他总在校园里，但是我们可以在第二天的学校推特上看到他在做什么。"（@montairschool）

不能否认校长必须履行"行政"职责，我当然明白这一点。但只有进入校园和教室，人们才能感受到学校的脉搏。我当副校长和校长的第一年，在前一百天每天走访教室，无一例外。如果只是待在办公室，根本无法听到学校的脉搏跳动或者定义学校风格。

> 你在办公室里根本无法听到学校的脉搏跳动或者定义学校风格……拥抱电子工具，让你的智能手机成为学校网站的信息轮轴……希望校长能把更多的精力放在教室里而不是办公室里，推送自己学校的"了不起的教育"主题，创造学校自己的标签。（亚当·维尔康姆）

校长全天在办公室做什么？让手机关联 Google Drive，Remind，Twitter，Voxer，Evernote，Google Hangouts 的账号，充分运用这些电子工具，让你的智能手机成为学校网站的信息轮轴。

我的"无工作日"版本是"推特挑战"。就是一天内从教室里发送至少三条推文，这样的活动每个月约五次。如果全校教工都使用推特，那么挑战的效果会更好。标记我的推特既让教师和家长了解学校情况，也让校园文化锦上添花。

希望校长能有更多的精力投入到教室而不是办公室中，推送自己学校的"了不起的教育"主题，创造学校自己的标签（我们的是"小孩组团"），在校园网上添加"孩子挖挖"（Kids Dig it）的内容。

肯尼斯·达勒姆 @PrincipalDurham

在我从事副校长工作的第四年和开展"无工作日"的第三年时，我可以毫不犹豫地说，这个尝试实现了我作为管理人和自然人的转变。我从@MalachiPancoast的"突破指导（Breakthrough Coach）"培训的时候开始了

"可见"变革的历程。这个工作坊让我对八年科学学科教学和第一年的副校长的团队管理工作进行反思。

校长们95％的时间把自己封闭在办公室里，这样如何与学生、教师和职工建立联系？校长如何在远离教学一线的情况下，仍能成为教学型领导？或是从未经历过一线教学实践的副校长，要如何进行教学管理？

加利福尼亚学校校区将近85％的预算是用在人力资源上。令人吃惊的是，实际的关注并没有被投放在占据本地最大投资的人力资本上。

> 如果你每天听4节课，坚持180天（一个校历年），那么就相当于听了720节10分钟的课。（肯尼斯·达勒姆）

三年内我进行了1100次课堂观摩，利用Google Forms和autoCrat工具向教师提供即时反馈。刚开始的时候，别人告诉我这会遭到教师的抵制，但事实却相反。如果教师在我离开教室后15分钟内没收到文件，就会发邮件问："嘿，伙计，我的反馈呢？"

就算你没有办法完成整个"无工作日"活动，试想：早上利用20分钟时间听两节课，下午也用20分钟时间听两节课，那么一天就能听4节课。如果你每天听4节课，坚持180天（一个校历年），那就相当于听了720节10分钟的课。就算只完成了三分之一，你在教学、人际和校园文化上也可能产生巨大的影响。

珍妮弗·科洛科茨科 @jkloczko

去年春天，我受到两篇"无办公日"博文的启发。诚实地讲，去年偶然促成了"无办公日"活动，是因为我天天有很多头衔：午餐室督导员、接待员，甚至看门人。读完《无工作日》(*No Office Day*, Matthew Arend)和《我们为什么喜欢"无工作日"》(*Why We Love "No Office Day"*, Jessica Johnson & William King)，今年我决定走进教室。以下是我的三点心得：

成为学习者

对我而言，"无工作日"是与师生学习密切相关的。每周我都谨记以下三个问题：

- 我学了什么？

- 我发现了什么？

- 师生希望我知道什么？

身临其境

希拉·莱布维茨（Shira Leibowitz）在《无工作日最大的礼物》（*The Greatest Gift of No Office Day*）中写道：

"'无工作日'很特别。那几天我可以不用督导或评估，相反，我以同伴的身份积极参加教与学的活动。有时候我上一节课……有时候我辅导学生……也有的时候，我就只是在场，随便什么活动我都兴奋地参加。"

无论学或教，要身临其境。听，写，讨论，庆祝，起舞！上周的幼儿园嘻哈活动一直令我回味无穷！我的手机保持通信畅通，就算有急事，我也无须离开教室，即时就能回复。

自省和分享

我想念课堂吗？某种程度上，我好像从未离开过。我拥有的远远不只一间课堂，而是充满了学生、教师和家庭的整个社区。进入课堂促

> 无论学或教，要身临其境。听，写，讨论，庆祝，起舞！……想念课堂吗？某种程度上，我好像从未离开过！进入课堂促进我自省，了解学习，发现我们的优势和发展空间。（珍妮弗·科洛科茨科）

进我自省和了解学习，发现我们的优势和发展空间。每周，我都会把这些财富写进博文或推特里。关注"无工作日"，加入我们的讨论吧。

埃里克·萨贝尔 @escaibel
当一名纪录片导演

挣脱办公室，我们能够自由地见证、参与和记录学习发生的过程。无论是运用校报实讯、电子邮件或是社交媒体，社区成员都能拨开教育的面纱，观察到学习的动态。这不仅是为社区提供更透明的学习视角，而且也能让焦点停留在教师了不起的日常工作上。简言之，作为纪录片导演，就要把自

已充分融入学习的过程,而不是在办公室一臂长的空间内机械地记录。

很多教师并不能熟练使用社交媒体,或者很难找到足够的时间既关注学生需求,又同时记录学习过程。管理者应后退一步,抓住这个过程,充实学校的档案袋。通过使用如推特、脸书、图片分享等社交工具或者播客电子书这类工具,他们能够创造公共资源,让大家全年观看或听取学生的学习情况。

让学生参与

我们可以让学生参与记录和分享。我们都知道高中生们使用社交媒体,为了让社交媒体成为学习的工具,让学生成为学校的眼睛和耳朵,我们要对他们表示充分的信任。杰森·马基(Jason Markey)校长所在的芝加哥莱顿高中(Leyden High Schools)做的尝试为我们提供了一个很好的案例:他每周将学校的推特账号交给不同的学生管理,学生定期更新学校的博客。

> 让学生参与记录和分享。我们知道高中学生在使用社交媒体——让我们用实际行动表示信任,让社交媒体成为学习的工具,让学生成为学校的眼睛和耳朵。(埃里克·萨贝尔)

在社交媒体的帮助下,我找到了亚当·维尔康姆和其他人,这既坚定了合作的必要性,也延展了我对学生可塑性的认识学习。合作型领导要能够坚定不移,找出校内教与学的差距,然后运用社交媒体来填补这些差距。如果领导者想要促进自我评价的学习氛围的形成,就要跳出常规的视角。合作型领导力能巩固团队,防止孤军作战,社交网络定能助我们一臂之力。

如何关注学生,包括学困生、资优生以及两者之间的每一名学生?我们要支持并促进所有利益相关者参与合作。迈克尔·富兰提出"学习领导者"(Learning Leader)一词,认为"学习领导者不只是建构学习模型,也为所有持续学习的人创造条件"(Fullan,2014,p.9)。我喜欢富兰定义里的"建构"(model)这个词。合作型领导并非要建构学习的模型,而是该建构实现合作的模型。如果领导者希望教师成为终身学习者,那么他们本人就要与教工一起,多个维度地展示什么是终身学习者。

6. 我们需要有效合作的证据

我们如何知道自主评估型学习者的数量在增加？我们如何知道学生什么时候具备自主评估的能力？这需要证据。合作型领导创建重视证据的校园氛围，为实现每个学生养成自主评估的能力的目标而前进。可惜的是，学校收集完大量数据后，却没有做任何处理。

数据并不总是数字形式的。高质量的数据可以是定性的也可以是定量的。硬数据属于定量数据，通常是学校采用的某种评价结果。定性数据同样重要，它包含了诸如学校环境和教学策略的信息。詹姆斯-沃德等人(Cheryl James-Ward, Douglas Fisher, Nancy Frey & Dianne Lapp, 2013)认为：

> 收集硬数据和软数据的前提是，校内团队和学校领导具备评价素养，即他们对测量对象的评价依据，以及对当前信效度可靠程度的理解是一致的。(p. 3)

关注自主评估的合作型领导，通过收集定性和定量的数据监控学习进程。他们并不会利用数据进行惩罚或指责，而是将这些用于对话、合作和学习的活动。

詹姆斯-沃德等人(James-Ward et al. , 2013)一致认同关注学习的合作型领导对自主评估进程的重要性：

> 我们主张实施和监控都是为了建立、维持、拓展每个人的能力和自信。要达到这样的目的，管理者要把自己当成学习者，理解学习者的要义。(p. 4)

挑战——在问责制下开展办学活动，比如你有一支教师团队不习惯分享数据。

向他人分享你的数据——合作型领导能够分享他们作为管理者的有效数据。可以使用给学生、教师或家长的反馈为例。要给教师注入这样的观念，即每个人需要成长和与他人分享，安全的环境是实现成长的平台。当教师不愿意分享他们的数据时，校园氛围就存在潜在危险。当教师们感到安全时，他们就愿意大胆尝试。

亚当·维尔康姆校长,约翰·斯威特小学

我推荐给校领导们三个最佳实践策略:

1. 领导者能具备多种推动改革的特质,但缺乏可见性则会掩盖变革进程。必须"可见"才能建立关系。必须自己是"可见"的并观察校园动态,才能推动变革。

2. 给教师权力。授权让教师做决定、开展合作、承担责任、发表意见和建议。校长会更替,但教师们在学校的时间远远超过校长。他们越感到自己有决策的权力,就越能认可并实施团队的决策。

3. 勿忘初心——孩子。"组队"尽管只是一句简单口号,却包容了我们在约翰·斯威特小学信任的一切。

7. 认知、建构、激励

认知

• 将自主评估的学习作为学校的目标。要知道并不是所有学生都具备自评能力,你应该找到他们的起点,思考如何让他们上一个台阶。

• 教师使用学生调查的相关结果,审视学生是否清楚学习内容,进而关注学生自评能力的提高程度。同样这也能促进教师间的交流,了解他们对学生的声音或者自主评估学习的不同理解。

• 让教师阅读《学生声音框架》并进行讨论。如果能让教师结合四个象限讨论对应的学生,并分享让学生离开想象、努力或休眠阶段,最后达到愿景阶段的做法,那样就更好了。

• 就过程性评价召开教师讨论会,收集不同教师职工对过程性评价的不同理解。

• 教师们组成小组,先组内、后全体,进行形成性评价概念的分享和讨论。所有交流结束后,把雪莉·克拉克的博文印发给教师。

建构

• 建立合作模型。支持并促进所有人的合作。分享资源并分发讨论文章。

• 持续鼓励与学习相关的讨论。

• 你采用什么步骤实现你的领导愿景?

• 记住行动最重要。

• 是否以学习为焦点?

• 可以与哪些人合作实现这个愿景?

• 合作型领导对你来说是什么?

• 你的学区是否要求你每周两次进教室听课? 那种情况下你如何建立学习的模型?

• 加入推特、对讲应用(Voxer)或脸书(只要你觉得舒服),建立一个专业学习网络(PLN),拓展你的思维。

• 加入聊天。比如,"周六聊天"(satchat),时间是每周六早晨东部时间7:30和10:30。

激励

• 建立共同体。

• 每天早上在人行道向学生、教师和家长问好。

• 完成晨巡。

• 去观摩和你关系好的教师的课堂,观察师生互动。询问学生学习情况。

• 在教师会议中进行诚恳的交流,询问如何对教师有更好的影响以及提供资源帮助。询问教师:需要什么资源? 课堂中遇到的困难是什么? 教师希望校长进课堂时看到什么?

• 与师生建立共同的愿景,集中所有注意力在这个愿景上。与任务不同,愿景包含着行动,吸收着行动中来自所有层次的声音。

8. 问题与讨论

- 审视影响学习的效应量有何重要意义?
- 你的学生是否知道好的学习是什么样的?
- 询问学生以下有关自主评估能力的问题:
    - 我要去何处?
    - 我学习的进展如何?
    - 下一步做什么?
- 为了能够更好地理解学习中心的校园氛围,可以尝试抽样数据,选择每个班的 10 号学生进行拍摄,之后供教师会议上展示和讨论。

第五章 专业发展(0.51)

在学校、办公室和教室中,校领导和教师应该营造一种向错误
学习的氛围。

约翰·哈蒂

1. 优秀的专业发展是什么样的?

有效持久的专业化发展方案应该由教职员工和领导者共同出谋划策。
方案要充分考虑教师的心声,同时也要兼顾可持续性和对学习的关注。没
有任何人可以单枪匹马就达到集体合作的成果,领导者需要借助教师的力
量才能建构更强大的共同体。不能各自为政,而是众志成城。这种情况通
常发生在大范围的变革时期。

如果学区在推广新举措后提供常规的专业化培训,让指导教师和领导
者充分讨论新举措,这样的专业化发展培训就非常有效。廷伯利等(Helen
Timperley, Aaron Wilson, Heather Barrar & Irene Fung, 2007)发现了高
品质专业化发展培训的要素:

- 持续时间长(通常 3～5 年)。
- 邀请外部专家。
- 教师参与度高。
- 挑战教师现有信念。
- 教师互相讨论教学。

• 校领导向教师提供学习机会和组织保障。

高品质专业化发展培训的最后一个要素总会令校领导费解。他们往往认为教师前来寻求帮助，就是体现"支持"。我认为，实施学区的新举措需要校长和教师同时参加培训。曾经在做完一项针对学区教师的教学指导工作后，学区邀请我再回去培训一遍校领导，尽管我已经事先建议校领导一起参加。他们发现校领导并不能真正理解教学指导的理念。下面的博文介绍了人人都参加同期培训的重要性。

领导为何应该参加教师培训【节选】

彼得·德威特

2016 年 1 月 12 日

blogs.edweek.org

学校启动新项目或者进行顶层设计的时候，领导者和教师通常无法同步分享观点，也就是说他们并不在同一步调上，没有机会即时反馈，或者组成观点创新的智库，让项目或设计真正"启动"起来。

举个例子，某个学区推进教学指导工作，组织教师指导员参加培训，但校长们并没有参与。指导员受训之后再向校长汇报情况。但若两者能同时参训则能促进理解，获得更健康和更理想的培训成果。

校长、教师分开培训则两者无法产生深层交流，这就为项目的实施增加了难度。若无法制定项目方案，教师则不得不思考如何向（未参训的）校长申请下一步批准。如此重复劳动耗费精力，行动效率低下。

校长、教师分开培训导致两者间关系失衡，进而滋生等级观念和不信任感，侵害合作文化。我们要考虑培训的多样化，从而创造领导者和教师互相合作的培训。

实施大型项目和顶层设计需要规划，学区必须谨慎。这要求校长和教师与顾问或工作坊协调员交流，商讨新的项目与设计的差别。这如何帮助我们创造比以往更好的成果？每个人应该采用什么步骤在实践中获得成功？我们如何让所有人都参与这个规划？领导者和教师的合作能创造更富有成效的对话解决上述问题。

如果遇到更大规模的项目规划,基于公平、真实的原则,学区会将领导者和教师组队。公平、真实指的是人员来自不同背景,不能只局限于听从和拥护校长决策的教师。

教师和领导者合作能产生卓有成效的交流:既能澄清问题,又能进一步提出高质量的质疑,并就其开展真实的对话。每个有意愿的成员能协同合作,教师和领导者同一时空互相学习非常重要。

我在本章开头的时候,提到不能各自为政。为了将新举措的专业优势发挥到最大,比如教学指导或"可见的学习",我们都应该在同一时空内学习和讨论相同的内容。

开展专业化发展培训可能会面临一个很大阻力,因为这有时会被认为是教师参加学校之外的活动,或者学区指派的活动。我们不要总是认为最好的专业化发展培训是校外的,而事实上这应该是基于合作的、在校内创造的机会和项目。

我曾经问一组领导者他们是否认为教师应该具备确定专业化发展方案的权力。一位回答说是,并介绍教师有需求的时候,他总能送他们去参加校外会议。但是,让教师离开学校参加一天的培训并不见得很有效。研究表明,90%在校外参加的传统培训并没有长期效果。

为了更清楚地体现我的意图,我换了一种表达方式:"你认为教师是否应该在教师会议上有说话权?"另外一名校长马上说:"为什么? 这是我的教师会议。"这个回答正是很多学校领导者的思维模式。教室是教师的领域,教师会议属于校长的管辖范围。这种思维方式是有缺陷的,因为侧重学习的校园氛围的形成,是要求所有人关注所有领域,而非关注某一些人。

我们与其把专业化发展看成是教师外出参加的培训,还不如审视校内的组织准备,比如教师会议。教师会议可以作为教师专业化发展培训的方式。正如吉姆·奈特所认为的,通过后期跟进,比如教学指导,教师可以保持90%的培训效果,而不是反过来。如果你所在的学校没有能力聘请教学指导,那么另一个方法可以是利用教师会议,通过课堂观摩、专业化发展共同体来实现。

教师会议向领导者提供与教师合作的平台，但其实更多的是，他们只是参与了"坐下来"交流的互动，了解一些只要通过邮件就能完成的活动。

我曾经写过一篇文章，名为"导致教师会议浪费时间的三个原因"(2015)。文章点击率达到了上万次，这是我始料未及的。在文章最后我插入了一则问卷调查(现已无效)，提出了一些针对教师会议有效性的问题。共回收 488 份教师问卷，其中大多数教师教龄超过 9 年，他们的有些回答很有趣。

85％的问卷回复，教师会议不是教师与校领导共同设计的(见图 5-1)。合作型领导可以通过建立校长顾问委员会(Principals Advisory Council, PAC)解决这个难题。PAC 很容易鼓励教师发表观点，共同设计会议，确保领导者和教师为了共同愿景而努力。

回答：486 人　忽略：2 人

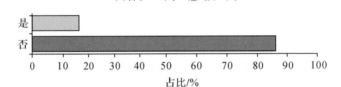

图 5-1　教师会议由教师和管理层共同设计

同样，80％的回复是教师会议不同于专业化培训(见图 5-2)。如果领导者确定在共同的学习目标下设计教师会议，校园氛围就更为健康向上。想象一下，如果所有教师承担教师会议责任并实现共同目标，即学生获得学习进步，那学校将获得多么大的进步。除了教师会议，教师和领导者同样可以通过社交媒体如推特和脸书，共同参与专业化培训(自主或团队设计)。

回答：481 人　忽略：7 人

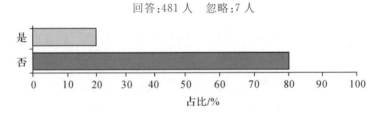

图 5-2　教师会议类似于专业化培训，聚焦学习

2. 翻转会议

几年前,我参与了一项以学习为中心的协调工作,一改以往多次教工会议上逐一沟通议事日程的形式。当时纽约州教育局(New York State Education Department, NYSED)对学校的行政问责力度加大,但我认为我有责任排除所有干扰学习的事。要做成此事,我构思了翻转会议。利用PAC与教职员共同建立会议,随后将相关资料在会议前发放给与会者。教职工熟悉相关信息对会议的进一步讨论很有帮助。下面的博文讲的便是这件事。

教职工翻转会议

彼得·德威特

2012年9月2日

blogs.edweek.org

校长确定每天的工作基调,翻转模型能够用象征的方式告诉职工我们必须创新,但如果校长在管理中不创新则很难传授创新。

教职工会议的效果可能是喜忧参半。一些会议可以激发很多讨论,让我们体验到"死亡诗社"里那种灵感四射的时刻。另一些则是反例典型,讨论的无非是花絮新闻或者同类议题,校长就像著名电影《春天不是读书天》(*Ferris Bueller's Day Off*)里的本·斯坦,不停地絮絮叨叨。

传统的教职工会议模式大多相同。校长在会前24小时发送议程,与会成员提前了解讨论的主题。教师们可以自行决定哪个月带上会议食物,并在学年开始的时候登记,这样的会议对个体来说意义更大。学校有了不起的厨师和烘焙师,所以会议食物堪称一流。

校长与教师的会议召开实际上并不算频繁。会议一般持续45分钟到1小时,每个月一次。一个月内会发生很多变化,随着新现象的发生,一些重要议题反而被忽略了。这几年繁忙的时期,我总会为大家提供简短的视频娱乐。另外一些时候,会议很安静,因为大家都筋疲力尽了,所以我就速战速决。

今年暑假我反思后的总体感受是:尽管职工会议很好,但并不是所有会议都值得教师花时间参加。遂我开始着手进行翻转会议。一年中如此多的变化中,职工会议也应有变化,要更真实、更积极。

为什么翻转会议?

"创新学习需要你相信自己,能够靠自己而非他人来引导你的生活和工作。"

沃伦·本尼斯

翻转会议一开始听起来更像潮流,根本不值得尝试。但是随着我对此的了解加深,创新的想法便增多了,也越发觉得这个模型值得放手去做。翻转课堂能够减少单纯的讲授,取而代之的是数量更多的、深层次的、以学生为中心的交流。

就像任何优秀的校长一样,教师也要使用翻转策略。我今年邀请五年级的教师尝试翻转教学。计划在某种程度上出乎意料,因为我个人专业网络的一位成员在推特上向我发送了挑战,他问我何时翻转职工会议。

北卡罗来纳有一位教师,他在其名为"调和的激进"(The Tempered Radical, Ferriter, 2012)的博文中写道,有教师向校长挑战,要求翻转职工会议,而今年我就接受挑战("要不你来翻转职工会议?")。几周前,我研究了几款不同的软件,加上数次网络会议中我偏好的链接、视频和Powerpoint,最终选择了Touchcast(一款在线视频软件)。

我添加了照片和网页链接,外加介绍了会议中职工应该知道的信息(比如流程、日期、办公室提醒等)的5分钟视频。在录像中,我通知将在开学第一天召开第一次正式职工大会,讨论年度专业绩效审查、州共同核心标准,并深入探讨纽约州成长模型。

教职工会议是讨论重要议题的重要场合。每名校长和职工都有他们应该详细讨论的议题,所以有必要尝试一次翻转模型,看是否能够促进更真实的职工对话。

• **采用翻转会议模式时,须考虑:你为何翻转会议?** 不要因为新潮就做。翻转会议的原因是你希望在真实的会议中,更专注并详谈某些主题。

• **自己录制多久?** 15分钟不算多,尤其是对你的讲话而言,但看的人就觉得太久了。尽量把翻转部分控制在10分钟以内。记住,翻转部分是为了实际会议做铺垫,不是为了延长会议时间而是为了提高会议效率。

• **你用什么工具翻转会议？**校长使用他们觉得顺手的工具。我使用 Touchcast 是因为我的平板上有免费版本，并且用户体验感好。

• **谁能受益？**校长和职工。

• **什么主题需要更多的讨论？**一年中有很多主题值得详细讨论。

结语

走出舒适区、尝试新鲜事物并非易事。如果教职工会议简短扼要、重点明确，保守行事更轻松。但这样做，我们就是在传递错误的信息，告诉职工大胆尝试并不值得。

作为教师不应该只是循规蹈矩的，作为校长应该带领职工尝试创新。校长确定每天的工作基调，翻转模型能够用象征的方式告诉职工必须创新，可是，如果校长在管理中不创新则他很难传授创新意识。尝试一次，看看是否有效。

翻转的理念不可能一蹴而就，我曾犯过错误，所以我认为对翻转实施要进行规划。职工对翻转的理解并不同步，且使用视频工具的技术水平不均衡，甚至观看视频后对翻转会议重要性的理解程度也不一致。成功依赖于从开始就明确目标：让职工知道你为何进行翻转会议，为何你关注学习而非议事日程。职工如果认为这只是赶潮流或者做表面文章，那么翻转不可能成功。领导者要让他们知道翻转模型的价值：可以事先发送邮件解释翻转模型，分享与翻转模型有关的文章和博客，与他们进行交流。没有教师的参与就没有翻转的意义。翻转的成功依赖于领导者和教师建立共同观点，并一起合作确保每次会议人人都能有所收获。

其他的模式包括使用 Google Classroom(谷歌课堂)成立"课堂"，向不同年级提供有针对性的资料。还可以采用 Google Docs(谷歌文件)在会前共享所有资料，以便职工可以在会议中展开深入探讨。

我看到翻转型领导发挥了远比其本身名称更严肃更重要的作用。2015年，我受到往返邮件对话的启发，与约翰·哈蒂合写了一篇文章。

翻转型领导即合作型领导

彼得·德威特　约翰·哈蒂

2015 年 11 月 6 日

blogs.edweek.org

彼得:几年来,我总认为翻转型领导对学校共同体具有非常强大的影响力。这尽管只是一个尚未彻底深入探讨的想法,但的确能产生巨大的影响。如果我有机会再回去当校长,我一定会把翻转做得更深入,让学习的指针摆幅更大。有很多原因,要求领导者思考各种创新策略激励教师的参与。

哈蒂:一方面,翻转只是第一步。作为工具,翻转帮助领导者开展与职工的对话,帮助教师开展与学生的对话。另一方面,它永远无法孤军作战。好比项目学习,根据实施的情况效应量值并不理想,如果教师和学生不具备与任务相关的表层知识,翻转就无法实现。在深入任务之前,我们都需要具备一定的表层知识。

翻转的落实有三个层次:

首先,领导者需要与学生、教师一起合作,预先展示成功的形式,即成就标准。该做法能够向他们提供与学科相关的必要词汇,但由于思考角度变为教师和学生,转换很大。通常,在教师给出成绩之前,学生并不知道成功的标准。甚至有时候,评价之后因为师生间没有交流,学生只能揣测。

除此之外,在校长完成对教师的评价之前,教师也无法理解他们的领导者认同的成就标准。甚至在评价过程中由于缺乏有效的反馈,教师也可能不清楚成就标准。更糟糕的情况是,评价只有褒奖。

其次,我们应该允许学生和教师去理解学习的本质。针对良好的学习这个话题,校长与教师们产生了怎样的教育教学交流?校长知道吗?校领导和教师能达成共识吗?

"干扰的政治"的一个问题是我们花了太多时间关注成年人,所以我建议校领导和教师一定要花时间就什么是好的学习进行探讨。大部分学生认为好的学习者就是坐在椅子上,积极举手,以及等待教师提出下一个方向。那是服从不是学习。

最后,翻转型领导和翻转型学习理应促进对话、审慎教学、提供反馈、促成评价和有意练习。有意练习是指,不管是针对教师会议上的教师,还是课堂上的学生,都应结合浅表学习、深度学习和实践迁移三个层面。

> 翻转型领导和翻转型学习理应促进对话、审慎教学、提供和收获反馈,以及关注有意练习。

如果校长仅仅是发送视频或者博客,那么这只是支持了他们的思考,但是真正具有意义的对话不可能发生。此外,如果领导者在参与教师会议前后的观点没有发生变化,那么就证明真实的对话并没有发生。图 5-3 的图标展示了翻转所需要的"合作型领导循环"。

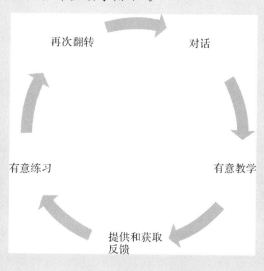

图 5-3　合作型领导循环

为了翻转而翻转,只能让能量在潜力发挥前消耗殆尽。

结语

为了实现翻转型领导和翻转型学习,教师需要理解其重要性,理解应该做何种准备工作,这样才能真正理解共同建立愿景和任务的重要性,以及找到如何深化学习的操作方式。

正确运用翻转型领导力就能实现合作型领导力……

3. 合作型领导辩论、剖析、讨论

我开始对二年级学生开展"分解"这个数学概念的项目教学的时候，是在一所城市学校，那里相当一部分学生能享受免费或部分免费的午餐。"分解"对于二年级学生来说理解难度太大了，但我们还是硬着头皮上课了。令我吃惊的是，在教学指导下他们学得很快并能正确应用。但糟糕的是，当教师们心存疑虑时，校领导并未给予相应的帮助。他们不是给教师自主处理信息的机会，而是花大量时间告诉教师应该做什么。合作型领导则不然，他们会引导，开展"辩论(debate)、剖析(dissect)、讨论(discuss)"(3Ds)的实践。

3Ds

辩论——在积极、互助、包容的校园氛围中，教师乐于开展健康的辩论。针锋相对如果能产生积极的效果，那就不会只有坏的影响。辩论要有规则参照，否则会演变成骂战，而出现的任何异议都可能触发教师的不良情绪。合作型领导能平衡辩论的动态，让这些不良情绪在公开场合得到排解。在解决任何可能引发愤恨与不满的情绪之后他们才进行下一步。

剖析——利用年级会议培训员工课程教学，很多校领导做得很好，但是不能只拘泥于课程，还要分析学生学习的策略。比如，在反馈主题中，哈蒂写道："70%的教师声称他们为学生提供了详细的反馈，学生的学习能力在下一次的作业中获得了提高。"问题在于，"仅仅45%的学生同意教师的说法"。反馈往往是学校认为自己做得很好，但实际效果却不尽如人意。如果可以开展一到两次的员工会议，有针对性地讨论反馈则不失为一个很好的策略。教师需要使用课堂有效反馈的模板。作为一个团队，他们可以对自己、对别人的反馈风格进行解析，了解不同策略的优缺点。

讨论——充分的讨论能帮助教师更好地理解给学生的反馈。我们应多参与同事和校长咨询协会的讨论，提升反馈水平，通过集体智慧获得更透明的反馈方式。

校领导可以通过合作探究(collaborative inquiry)的方式促进3Ds实践。

合作探究是结合教师话语权的高品质专业化学习方案,集专家经验和教师经验之所长。多诺华(Donohoo,2013)提供了四阶段模型,找到了专业实践和学生成绩之间的特定联系,通过团队合作确定学生学习需求。教师在课堂中尝试新的策略,同时收集证据和成果。随后,团队一起分析数据,评价影响,并决定下一步计划。

合作探究最终会取代短期的、自上而下的、程式化的、教条的专业化学习手段,在学校中实现自身可持续的循环(Donohoo & Velasco,2016)。合作探究支持教师领导力,认可教师在学校持续发展过程中的作用。

合作型领导并不总是那个主导对话的人,而是在教师领导者中找到能分享专业经验的人。合作领导和合作探究同样是为了深度学习。学校领导并不总能抽空进入教室,但是他们可以通过各种途径了解学习进展,例如有效的教师会议和专业学习共同体,或者3Ds合作探究。

所以,领导者就要帮助低效能的教师,进而让全体教师都能对学习进程展开讨论,但这并不简单。我们可以用罗素·格里亚的《学生声音框架》审视个人效能和教师投入。这有点奇怪,让我来做进一步解释。

就像学生可能经历休眠、想象、努力和愿景四个阶段,我们可以想象校长、教师甚至家长也会如此(见第四章图4-1)。有的学生、家长和教师很努力但缺乏目标:那些休眠阶段的学生和教师就只是程式化地到学校进教室;那些休眠阶段的家长只是匆匆把孩子送到校门口,与教师没有交流。

最糟糕的是,校长们有着处在休眠阶段的愿望的时候,就躲在办公室里逃避费力的交流。这些处在休眠阶段的校长好比旁观者,让其他人执行交流任务,他们则不需要做艰难的决定。而这样将无法产生合作型领导效能。

合作型领导能确保实现健康的校园氛围的八个重要条件,从而能够帮助所有人达到愿景阶段(见第四章)。

4. 学习的核心

我对于以学习为核心,通过在校园环境中的专业化发展实现合作领导的信念,源自哈蒂关于"干扰的政治"的研究。每个在校人士都应该把学习作为中心。哈蒂经常问教育者的一个问题是,在学校网站首页或学校办学方针、培养目标等文件中,是否体现了"学习"? 而现状以及大多数"干扰的政治"导致的,是领导者和教师并非能够一直将学习置于讨论的核心。当校长和教师讨论办学的时候,更多的是讨论学生行为和纪律问题。

从第二章可以了解到,"干扰的政治"是开展学习讨论的重大阻碍。这些干扰包括准备时间、合同期限、年度专业绩效审查、课时安排、教师观摩和高风险测试。所以,我们如何增加学生学习机会,促进同侪合作和真实对话,这些都会产生影响。也许,讨论"干扰的政治"相对容易,讨论学习则非常困难。哈蒂(Hattie, 2012a)写道:

> 学习过程并不总是愉快和简单的。学生得在某些要点上反复练习,螺旋式地梳理知识体系,并与他人建立合作完成疑难的学习任务。学生对并不愉快和简单的学习过程是心存感激的,他们的确需要参与和享受学习带来的挑战。(p. 17)

在校成人的学习与上述颇为类似。参与会议讨论学习并不总是带来愉快的经历。同样,当对某一个主题感到热情洋溢的时候,部分教师的反应是矛盾的。我曾经参加过一些课程会议,教师希望讨论学习,但到进入了讨论环节的时候,一些因为不喜欢讨论的方向或者论调的教师则选择退出。

合作型领导的任务之一是氛围创设,让复杂艰难的涉及学习的讨论在深入、有意义和安全的方式下进行。要提出问题,如"好的学习是什么样的?如何让所有学生都能实现好的学习,也能自己进行好的学习?"。与学生理解同样重要的是,教师能够定义、理解和认知好的学习。

这可能听起来很普通,但实际操作起来却复杂得多。我发现一部分教师是通过学生的行为表现来定义"好的学习"的。对他们而言,好的学习就是学生坐在椅子上,举手提问,完成老师布置的任务。但是,有很多教师对好的学习有明确理解。他们与学生开展讨论,每天寻找学习进展的迹象,在学生碰到问题的时候能互相磨合。教师用学生的行为表现的视角来看待好的学习和用教育学的视角有重大的区别。这里我指的不是不同学校的教师观念相左,而是在同一个学校内的不同教师……。所以,无论这样的现象是否出现,合作型领导在管理中要关注学习问题而非纪律问题,他面临的挑战很大。

> 合作型领导的任务之一是氛围创设,让涉及学习的复杂艰难的讨论在深入、有意义和安全的方式下进行。要提出问题,如"好的学习是什么样的?如何让所有学生都能实现好的学习,也能自己进行好的学习的定义?"。与学生理解同样重要的是,教师能够定义、理解和认知好的学习。

合作型领导设计专业化成长活动时,需要谨记并反思以下三个领域的内容:

1. 作为校长,学生声音框架中哪个象限最能描述你的状态?

2. 你的愿景是如何与学生学习联系起来的?

3. "干扰的政治"在校内影响程度如何? 相比学生学习,在日常教育教学活动中,你是否更多地关注教师教学的问题?

作为合作型领导,请自问:"我们如何让职工的关注点回到学生的学习上?"

> **挑战**——尽管领导者们希望关注学习,但他们更多的是被动地关注而非主动倡导。尽管出发点很好,但教师会议还是难免流于形式,以讨论和布置讨论为主。
>
> **策略**——取消纯粹任务布置型的会议,无论你在学校的经历有多久。利用翻转会议,分享文章,与教师开展讨论。提出问题:"你想在下一次的会议中学到什么? 在走廊、闭门会议或者教师休息室中经常谈到的主题是什么?"真正地去聆听,共同设计主题、学习和探索。选择与主题相关的三篇文章中的一篇,也要求教师同样寻找相关文献分享。教师在会议开始前进行阅读,并在会议中开展讨论。每一次的会议都进一步开展这样的学习。

> 学习是学校的核心任务。

约翰·哈蒂

关注学习是教学型领导的关键,它既提供了领导者日常工作的基础,也包容了专业化发展的核心。这并不意味着合作型领导不能与职工进行个性化的交流,而是说学习应该作为大多数交流的主题。

学校校长现有的会议为教师们提供了学习讨论的机会,但这些是无法速成的。合作型领导需要创设的校园氛围是须勇敢尝试的而非墨守成规的,如此一来教师们就能在不止一个场合中亮出自己的观点。合作型领导也同样能与教师们讨论采用翻转会议实施可持续专业化学习的原因。这些策略能够真正促成有效的专业化学习,并最终促成全校学生的学习。

5. 办学故事——科研调动全员积极性

凯瑟琳·沃利校长,詹姆斯敦高中(Jamestown High School)

威廉斯堡,弗吉尼亚州

作为校领导,向教师提供有品质的专业化培训一直是工作的重中之重。由于教育的要求和实践变化很快,领导者在开展专业化发展实践中要能够顺应变化,并保证可操作性。尽管我们要面对问责和高风险测试,但是这个问题是必须要思考的:"这些如何影响孩子们?"我们有义务为学生创造机会,让所有学生成功毕业,或成为我们社会中有责任感的公民和领导者。我们需要有生命力的专业化发展方案,才能确保向学生提供学习机会。

作为弗吉尼亚州威廉斯堡的詹姆斯敦高中校长,尽管我有 25 年的 K-12(美国基础教育的统称)教育的经验,但每年我都面临不同的挑战。

我致力于学习最新的研究,倡导最佳实践,所以我从 2010 年就开始阅读约翰·哈蒂的有关研究。我们都知道,学生的学习风格各异,那种长时间的讲课和"坐等"学习的环节应该一去不复返了。哈蒂的研究是了解学习如何在课堂中发生以及干预的必要性的最好证明。我经常和教师们说:"人在工作的同时也在学习。"我们必须继续帮助学生从被动学习转换成选择型和合作型的学习。我们需要专业化发展以达成这个目标。专业学习网络可以作为专业化发展培训的丰富资源。

尽管我现在的高中在学区内和州内的表现不俗,但是我们也面临着挑战。要减少成就差距,让所有学生顺利毕业,这些都需要采取手段。我们学校部门与威廉玛丽学院的高中大学研究网络(School University Research Network, SURN)有合作。该网络让我有幸与州内其他教育领导们合作,也为新的管理者提供咨询。自从 2012 年我加入高中大学研究网络后,获得了很多有关学校改进方面的机会。这其中包括得以在校内使用的研究类参考书籍,与高效教学策略相关的课堂观察记录表格,以及有关约翰·哈蒂研究的辅助性资料。

好的教学至关重要,可以帮助学生融入活动、批判地思考、保持好奇心、解决问题、参与合作以及拥有终身学习的能力和对学习的渴望。在詹姆斯敦高中过去的三年半时间里,我们完成了研究、讨论与合作,在校内实施最佳教学实践,并且深信这些对学生的影响。表 5-1 展示了一部分我们正在进行的专业化发展和专业学习网络的成果。

表 5-1 詹姆斯敦高中的最佳实践和高效教学(HYIS)策略

项目	时间	概要
书籍研究	2013—2016 年	教师自愿参加书籍研究活动,并利用教师会议进行内容展示。先是《可见的学习(教师版)》,之后是《可见的学习和我们如何学习的科学》
课堂观摩	2013 年至今	采用 SURN 提供的两个随堂观摩的表格。表格与约翰·哈蒂的教学策略研究有关,能够帮助听课人员审视高效或者低效的课堂策略,并根据观察到的策略标记对应的例证。学生参与工具收集学生学习进展的数据,HYIS 工具收集教师教学进展的数据
"知道你的影响力"	2013—2014 年	开展活动讨论和学习约翰·哈蒂"知道你的影响力"的理念和意义。经常性地让教师在专业学习共同体中或者教师会议上分享有影响力的案例
反馈	2014 年至今	反馈是最强有力的策略之一。关注不同群体间实施的有意义、有效的反馈:管理者和教师之间,教师和管理者之间,教师和学生之间,以及学生和教师之间

续表

项目	时间	概要
会议报告	2015 年夏	教师和管理者团队在 2015 年国际"可见的学习"会议上做报告,内容是詹姆斯敦高中采用高效教学策略的实践与反思。题为"把巡航学校改造成为最佳的学习环境"
内容策略	2013 年至今	持续开展 HYIS 的研讨活动,提供内容相关的示范活动。这让教师在专业学习共同体中实现合作,设计他们特定内容领域的活动和策略
同侪观摩和反馈	2014 年至今	全学年实施同侪观摩活动。今年春天,将邀请志愿教师听取反馈会议并在教师会议上分享经验

在工作中我们意识到持续发展的重要性,知道要通过调动所有利益相关者开展真实的合作。我们看到特殊群体取得的成果,证明这些策略和专业学习共同体对教学确实产生了影响。我们将利用各种专业发展实践,继续检验实践的有效性,反思证据,提供反馈,为全体学生开辟最优机会,让学校继续发展。学校人数将继续变化,这就要求我们经常研究干预技巧,最大限度地满足学生个体的需求,同时让所有人一起在同样的使命感召下实现这个目标。

6. 认知、建构、激励

认知——很多教师习惯于去校外参加专业培训。大多数培训无非是"坐着听"。

• 使用邮件,进行一次教师会议讨论,详细解释翻转会议的重要性和将其作为一种专业培训的原因。你相信吗?如果你相信,那么教师也会如此。对他们来说翻转会议可能是新的概念,所以与翻转会议相关的对话是有必要的。

• 关注绝大多数教师感兴趣的一个观点,推荐文章、博客或者视频。

建构——帮助教师认识到他们在学生的纪律管理和在校表现上花费了大量的时间和精力。

• 向高二年级的学生提问,了解他们认为的好的学习是什么样子的(可见的学习)。选择高二年级全体学生能保证获得校内学生的有效样本。获得家长许可后拍摄学生反馈视频。

- 在教师会议上展示视频访谈并讨论。

- 确保学校网站以及你的交流内容是以学习为核心的。

激励——使用哈蒂的语言,领导者需要改变对话内容。

- 整个对话,或至少大部分对话的内容是有关学习的。

- 通过正式与非正式的观摩,确保你和职工构建共同目标,激励职工找到提升学生课堂参与度的资源。

7.问题与讨论

- 如何使全员融入专业学习?

- 你能确定家长理解学校的改革吗? 你是否与他们交流,还是仅仅发一封告家长书?

- 你认为你的职工中间,谁的自我效能感低? 你能采用什么策略来激励他/她? 你如何帮助他/她改变?

第六章 反馈(0.75)

1.反馈是复杂的

我们如何帮助教师提高教学水平,如何帮助学生提高学习效率? 我们是否知道家长们对学校的真实想法? 如果他们把想法告诉了我们,学校是否会听取? 所有这些问题所关注的是最后能否获得应有的学分,这是学习的重要环节,而完成学习的那一片关键的拼图就是反馈。

有效的反馈远远比我们所想的要复杂得多。有一次,在哈蒂的反馈模式研讨会上,我问在场的管理者什么是反馈、什么不是反馈。会议室里充满了各种令人惊奇的有见地的回答,我感到有点忐忑。我内心最初的想法是:"我怎么来这儿了?"因为管理者们的回答和我后续幻灯片上的介绍内容不谋而合。后来我想到了重要的内容,是专业学习系主任曾经发过我的一份教师观摩的复印材料,是由每个管理者填写的,其中70%的观摩内容是表扬而非反馈。这并不是说领导者不知道什么是反馈,而是他们并没有将知识运用到实践中。反馈是说得容易做得难,因为我们通常本能的反应就是赞美他人。

> 这并不是说领导者不知道什么是反馈,而是他们并没有将知识运用到实践中。反馈是说得容易做得难,因为我们通常的反应就是赞美他人。反馈应与目标直接相关,否则对提高教学实践并无效果。

反馈应与目标直接相关,否则对提高教学实践并无效果。

这就说明了为什么目标设立是对教师的正式和非正式评价的主要原

90

因。当领导者和教师产生合作的时候,设立目标更为有效。在提供有效的反馈之前,尤其是在课堂观摩之前,领导者应该反省合作型领导框架中他们所处的阶段。

领导者要确定教师是为了他们真正在乎的目标而努力,而不是仅仅因为是领导布置的任务。年复一年,教师需要承担太多的目标,尤其是在问责和强制日益加剧的阶段。在自发的、非外界强加的目标激励下,教师们往往能获得更大的成功。教师会增值自身学历,积累教学经验,在对学生成功的坚定信念指导下提升教学水平,而以上这些层面的努力往往被忽略。领导者应该奖励这些教师,在今后政策实施时赋予他们权利。好的合作型领导能找到策略建构共同的目标。当这样的目标建构发生时,就能在学生的学,而非教师的教层面创造循环,让反馈过程更有效。

在《知道你的影响力》(*Know Thy Impact*, 2012b)中,哈蒂提到教师在向学生反馈时必须指出的三个问题,这三个问题在领导者向教师反馈时也适用。

1.学生的目标是什么?反馈应描述该学生在该学科领域中的成功标准,以及他/她掌握当前的学习要求之后应该是怎样的。

2.学生的进展如何?反馈应该描述学生在学习进程中的位置。学生的知识漏洞、优势以及现在取得的成果是什么?

3.下一步做什么?这一点尤为重要。当我们询问教师反馈的形式时,回答通常是一些建设性评语、批评、纠错和解释。然而,学生希望通过反馈知道他们应该怎么做。

通过关于教师和实践的问题,领导者和教师可以共同建立可行性方案和成功标准,为学生创造更好的学习体验。

2.反馈促进学习进步

约翰·哈蒂的研究表明,有明确目标的反馈产生效应量的值为0.75。对反馈有深刻洞见的,并非只有哈蒂。已故学者格兰特·威金斯(Grant Wiggins)在《有效反馈的七个关键要素》(*Seven Keys to Effective Feedback*, 2012)中提到:

反馈一词通常描述各种对事实的评论，包括建议、表扬和评价。但严谨地说，这些都不是反馈。

基本来讲，反馈是我们通过努力达成目的进展情况的信息。打网球，目的是确保球在界内，我会看到球落地的位置，界内或界外；讲笑话，目的是让人发笑，我会留心观众的反应，他们可能开怀大笑也可能勉强窃笑；上课，目的是让学生参与，我会观察到有的学生目不转睛，有的学生在打盹。无论反馈是自身刻意获取的，还是由他人提供的，有效的反馈是有目标指向的，是有形和透明的，是有行动力的，是用户友好的（特定的和个性化的），是有时效性的，是进行中的，是连续的。(pp. 10-11)

哈蒂(2016b)将反馈分成三个水平：任务、进程和自我调节。你在表 6-1 中可以发现反馈在每个水平都有效。这些反馈层次在学生、教师或者教学型领导中都能使用。

表 6-1　反馈水平

反馈	学生理解	渐进地下放责任	例子
任务	新知识	我来（教师对学生）	"哈利勒，我知道我们刚开始学习乘法。你回答2×5是9，正确答案是10。"
进程	具备一定的能力水平	我们来（教师与学生）	"哈利勒，目前为止你运用已学知识解题了。你可以用其他的办法找到答案吗？你是否可以参考黑板上我们做的例题继续往下做？"
自我调节	具备高能力水平	你来（教师引导，学生主导）	"哈利勒，10 道题目全部正确。你还能用另外的方法解题吗？"

任务反馈是在回答错误的时候提供正确答案。这种类型的反馈是在新的学习阶段采用的。海伦·巴特勒(Helen Butler)认为反馈是逐步将教师的责任下放给学生的过程。她同样看到了三个步骤：我来，我们来，你来。在任务水平上，教师告诉学生如何做（我来）。学生获取一定的知识经验之后，达到进程反馈阶段，即教师与学生一起做（我们来）。进程反馈着眼于学习过程，在很多案例中就是由教师提出开放性问题，在过程中让学生明白下一步学习任务。当接收者具备一定学科领域的专业知识之后，可以采用自我调节反馈。反馈提供者扮演导师的角色，学生主导，教师提示（你来）。

无论表现多么突出,任何人都有提升的空间。想想迈克尔·乔丹或者韦恩·格雷茨基。他们已经非常成功,但仍然在自己的体育领域内追求突破。已至巅峰阶段但又面临失利的时候,自我调节就尤为必要了。

如果把这个进程可视化,你可以看到在每个能力水平上,反馈提供者可以向后稍退一步,为反馈接收者提供一定的空间,让他们能自行分析问题所在,找到解决办法。反馈不是仅仅给出答案,而是与他人合作,找到最好的方法,实现成长。

3. 选取一个潜力点提高

合作型领导在进行课堂观摩时要具备积极的思维模式,包括正式的与非正式的。我还是一名新教师的时候,我的校长推门来听课。开始听课后大约 10 分钟的时间,我发现他在教室后面翻自己的钱包。45 分钟的课结束之后,他对我说了句"很好",之后让我填反思表格。几天后,我收到的听课反馈中所有栏目都是"超过预期",我填的反思内容和他的反馈一模一样。

尽管我对结果很开心,因为我是新教师,年轻,还有大学贷款要还,但我意识到这次反馈对我的教学提升没有任何帮助。校长并没有主动实施反馈,也没有融入我的课堂;如果我的课没有让他融入的话,那么我就不应该获得之前的褒扬。

成为校长后,我决定改观。我把课堂观摩分成三大类:一个闪光点、一个潜力点和一个疏忽点。

1. 一个闪光点——反馈中该部分是肯定教师做得好的方面。肯定优点很重要,同时也可以给出一些提示加以完善,以促进更大的进步。

2. 一个潜力点——反馈中该部分是需要教师改进的方面。对一些新教师而言,可能在课堂管理或学生合作学习有效性的方面需要加强。后期要有跟进,建议他去听听其他优秀教师的课,推荐给他相应的文章学习不同的课堂策略。不能将潜力点视作弱点,而应将其看成教师尚未充分发挥个人潜力的那一部分。

3. 一个疏忽点——反馈中该部分是进展顺利,如果继续则其毫无疑问能够成为优势的方面。也许教师具备优秀的提问技能，但是教学型领导发现部分学生被忽略的现象。很有可能你已经意识到了这部分需要改进，但是教师并没有。为教师们的这些教学盲点提供资源和看法很重要。

教师们用心授课和开展教学活动，所以他们并不喜欢听到不好的反馈。所以将反馈分成三个类别，如一个闪光点、一个潜力点和一个忽略点，就能获得更好的效果。我希望告诉大家是我创造了这个概念，但是事实上并非如此。我四处寻找但并没有找到这个概念的来源。

> **挑战**——反思以往的课堂观摩活动，你意识到你仅仅提供了表扬，并没有给教师能切实提升的建议。
>
> **策略**——在一次教师会议上，我对自己严厉剖析并坦白我并没有向教师实施有效反馈，因此我也担心他们无法向学生提供有效反馈。那次会议之前，我事先发送一则《教育领导力》期刊的文章链接，在会上大家进一步深入讨论了有效反馈。这样的交流持续了一年，也是我翻转教师会议的原因之一。

4. 有效反馈的多维渠道

大多数领导者和教师认为反馈是给予他人的。然而，反馈既是给予也是获得，学生任何一天都能够向教师反馈。反馈也并不是都是口头或文字形式的，既可以是身体语言，也可以是课堂互动缺乏的表现。同样的，反馈也适用于教师和领导者之间。教师在教师会议中向领导者提供反馈，不论他们是否融入会议的互动。在教师和领导者有共同目标和议程的情况下，教师最有可能参与会议互动。除此之外，领导者要能保证自己投入时间与教师建立关系，受到支持的教师往往愿意参与互动。

> 反馈可以是身体语言，也可以是课堂互动缺乏的表现……教师在教师会议中向领导者提供反馈，不论他们是否融入会议的互动。

反馈的时候，教师同样需要考虑到家长因素。领导者和教师喜欢招呼家长来学校，因为我们希望他们参加开放日、音乐会、家长会和家长委员会等。但是,与此同时也不希望他们来学校:当他们是来讨论棘手问题或带来犀利的评价时。接受并真正地倾听(或发现)来自教师、家长或者学生的反馈,是领导者守护更为积极的校园氛围的重要手段。如果教师、家长和学生感受到了呼应,他们就更愿意参与互动。

要培养一种积极的、表示欢迎的、高参与度的校园氛围,就要在不同水平层级上采取预防性措施。校内所有人员都应将领导者视为可以随时接近并寻求帮助的人。否则,他们就会任由满腹的牢骚在社交媒体上迅速传递。但是,坦诚面对反馈并不是接受滥用。如果有人是吵闹着消极地在会议上反馈,这时领导者就要立即控制情况以防恶化,或者终止会议,或者将这个人转移到其他办公室单独交流。

接受消极反馈并不容易。领导者要真正地聆听,不为自己辩解。接受消极反馈不能带有过多个人情绪,但这说说容易做起来难。并不是说当反馈尖锐的时候我们不能为自己辩护,而是应该首先找出那个人产生想法的原因。也许,仅仅是也许,这样的反馈能够让我们成为更好的领导者。接受积极反馈很容易,接受消极反馈则要难得多。接受消极反馈守则见表6-2。

表6-2　接受消极反馈守则

不应做什么	应做什么
• 即时反应	• 真正地聆听对方
• 认为反馈是针对自己。保持理性,因为人们都会有这种感觉。等反馈者离开后再处理	• 提出以澄清为目的的问题 • 复述对方的话,明确问题
• 消极地或者狡辩地作答	• 说"我听到你说的是……"
• 混淆视听。揪住反馈提供者在某些时候和某些地方做了不正确的事情,这样做很容易,但不应该	• 向反馈提供者寻求一些范例,了解他们希望你进行怎样的改变

总之,面对消极反馈的时候,最好的做法就是从中学习,随后忘记消极情绪,开始更美好的一天。跟进反馈,就算你是反馈的接收者,向前看也极为重要。一定要认识到,从教育这一领域中,我们能够学到任何东西,包括消极反馈。

5. 教师观摩:合作策略

　　教师观摩是合作型领导提供反馈的主要场合。这样的观摩会带来很多好处。经常进入课堂观摩具有明显优势,特别是那些非正式的观摩,能够增进领导者与学生的感情。领导者能够通过团队合作活动,进一步通过对话加深对他们的了解。在简短的观摩中,领导者可以积极参与学习,并让正式的教师观摩过程更有效。

　　进入课堂也能让合作型领导感知教室氛围,进而感知课堂的学习内容。要积极观察、善于观察,找到教学盲区。本着合作的精神,向教师提供建设性的反馈,这对提高学生学习品质的贡献重大。

　　正式的教师观摩时,如果领导者和教师并没有共同目标会怎样? 会对教师观摩活动的品质和实用性产生什么影响? 教师观摩类型会产生什么积极变化? 我在《寻找共同点》的博文中,展示了两则有关教师观摩有效性的调查链接,一则是针对教师的,一则是针对管理者的。以下数据展示了两个调查的结果。

调研数据——教师和管理者对教师观摩有效性有些什么看法?
教师

　　遗憾的是,说到教师观摩,教师和领导者之间总有脱节。在一个小规模的调查中,来自北美的 200 多名教师大多数的回答是教师观摩对他们没有好处(《寻找共同点》博文)。在参与问卷调查的教师中,小学、初中和高中段的人数分布较为平均。

　　当被问到是否由领导和教师设计共同的观摩目标时,77％的教师回答否。当被问到观摩是否为他们带来好处,9％的教师回答"是",44％回答"否",46％回答"有时候"。以下汇总了部分开放式的反馈。

对作为教师的你来说,观摩是否有效?

• 领导不知道如何评价教学质量的好坏,所以没有建设性反馈。

• 观摩伤害我的自信心。

• 只不过是数字游戏,如果你会玩,那你就安全。

• 我邀请校长"进教室看看",这样我就能发现我日常上课的优缺点。很多观摩都是事先计划好的,观摩后的环节只是我用来证明是如何达到丹尼尔森标准(Danielson points)的。

• 我感到我比校长懂得多。这位校长没有上过这个水平的课。在观摩后的交流中,我学不到任何东西。

• 评价工具主观性强,我的数据显示出了学生的进步。校长使用评价工具的目的是打击教师。在我们学校过去的三年里我就目睹了这样的过程。

• 我曾经就职的特许学校里采取的是"过度观摩",即至少在课堂里找出一处错误。在我目前就职的新公立学校里,教师观摩符合州最低标准即可。大多数情况下,会议只不过是吃棒棒糖和听催眠曲。我以前虽然怨恨老学校,但现在着实开始怀念了。只告诉我的长处并让我加以保持,对我成长为教育管理者毫无帮助。能够获得认可很好,但是我希望通过一个愉快的平台,得到些经验或者找到努力的方向。在今年的一次观摩中,我的副校长结合她的笔记,讲了她的办学思想,对此我非常喜欢。她给了我很多好的反馈,但是同样也涉及了她发现的可改进之处。从现在开始,我请她把反馈要点都写在我的观摩表格上。

• 我希望能知道在我的教学中,哪些地方可以改进。

• 不——因为我的领导早就在反馈前决定说什么了。

• 我只经历过正式观摩。

你从校领导处得到的最好的建议是什么?

• 从未获得。她一副"终于逮住你了"的态度,所以她说什么都没有建设性。

• 我获得的最好的教学建议来自其他教师和同级的管理人员。

• 没有。教学观察是上级要求的。观摩成员认为你符合他们的需要,那你就是明星,否则观摩就会埋葬你。现实就是这么残酷。

• 通常都是一边倒,尤其是我的情况。校长对学生的具体需求、活动安排、实践措施和实施原理毫无经验可言!这样的反馈是不人道的、令人羞耻的、有毁灭性的!没有任何积极的或建设性的意义。

• 没有。

• 我与我的领导讨论了关于观摩活动的所有内容。但我觉得他只不过是在观摩表中,在完成的项目上打钩罢了。

• 没有按照授课计划上课也可以。在我的授课计划中,我打算做一个特别的活动,但学生并没有做好下一步的准备。我应该回过去再复习一遍策略。通常情况下,我会马上那么做,但是那次我并没有,因为我已经确定了观摩的授课计划,我想要忠实于原计划。最后我发现,我真的应该像平时上课那样重复一遍旧知识。我的校长让我明白,适当的调整是好的教师必须具备的能力,不能拘泥于计划而是要关注学生。现在我真希望那时我能像平时一样上课。

• 要能分步骤鼓励三年级学生,这样不仅能够针对我的问题开展批判性的讨论,还能鼓励和教导学生提出批判性的问题,并组织学生互相讨论。

• 这几年来都没有。第一年做新教师的时候,我收到的反馈建议很多,来自各个方面,也很有建设性,但是这几年就没有了。真的很扫兴。

• 怎么玩这场游戏。

• 要能具体地向学生陈述学习目标。

• 没有……除了数字之外,基本上校长不会在现场告知解决方法或者提供反馈。被问及需要改进之处的时候,他们通常的回答是告诉我们他们如何提供帮助。

• 有时候我会获得改进的建议。虽然很少,但还是有帮助的。

• 总体上,他们认为,我是一名优秀的教师,我的师生关系很好。

• 如何达到他想在课堂里看到的标准,但他对我学生的需求毫不知情。比如,他进了教室后看到两名学生在教室里带帽子、耳塞,就把这个不良表现记录在观摩表中(说明我没有落实学校规章制度)。这两名学生中一名被停学,第二周被开除;另一名学生经常触犯校规,随后逃学一周,再后来,因在校园内使用毒品而被停学。尽管一开始上课我就强调了要求,但现在,我就要做这些顽固不化的学生的思想工作,让他们知道我得为帽子和耳塞的事情负责。

- 好的地方以及需要改进之处。
- 找到相应人员,看一下她所希望的我们的"自评记录"样本。⊗(今年我辞职了。)
- 设计更好的提问来促进学习。
- 我学到了上课期间需要同时关注自身,以及使用新技术提升课堂效果。
- 没有建议,只有批评。
- 20年前,我主动邀请副校长观摩我的新课型,她非常认可我的冒险精神。

领导者经常说很多教师抗拒被观摩,通过上面的回答我们就能很明显地感受到这种想法。然而,很有可能的是,在互助的校园氛围以及与校领导共同设计和实现目标的条件下,教师们则更能对观摩抱有开放态度。如果你们学校的教师反馈跟上述回答相差不大,你该采取什么措施改进学校的合作氛围呢?

好的目标是什么样子的?

如果某个学校具备全校性的学习目标,那么教师的目标就能融入整个办学目标中。

如果某个学校有一个非特定的目标比如"所有学生都能学习",那么教师就具备了适度的灵活性,可以与校领导共同创造关注学生学习的目标。

教师的目标和校长的目标,都应该关注学生的学习。听起来这是尝试,但是在很多情况下,教师的目标仅仅是准时到校,不浪费作业纸,或者创造以学生为中心的学习机会。现实是,也许这些很重要,但要找到所有影响学习方式的核心,我们必须清楚并使用简明的语言,提供可测量的目标,包容所有学生。

管理者

除了收集教师对观摩有效性的反馈数据,我同样也收集了领导者的数据,以期了解教师反馈是否有效。在一项针对学校领导的调查中,我们回收了 85 份问卷。

学校年段:

- 58% 为小学校领导
- 18% 为初中校领导
- 24% 为高中校领导

管理经验:

- 35% 为 5 年或更少
- 31% 为 6~10 年
- 10% 为 11~15 年
- 24% 为 16 年或更多

填问卷的校领导所在的学校中,农村、郊区和城市学校数量分布较平均。50% 的校长所在的学校有副校长协助开展职务,而另外 50% 没有。学生人数不足 500 人的学校和超过 500 人的学校各占一半。尽管与我所做的教师调研人数相比数量少了很多,但是获取的信息十分有用。

极少数校领导认为他们的观摩对教师毫无帮助,但 50% 的校领导认为他们的观摩有时候是有效的(见图 6-1)。在 58 名校领导中,有 5 名做了深入的回答,包括:"我认为我正式的课堂观摩对教师有帮助。"

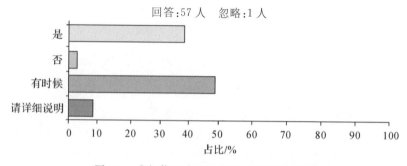

图 6-1 我相信正式的课堂观摩对教师有帮助

- 新的评价系统在时间上阻碍了反馈的提供或获取。

• 部分教师不愿意向他人学习。

• 观摩的时候我们会关注事先确定好的环节,并用相应的标准对目标作解释。课外的工作让反馈报告更全面。

• 完全根据接受观摩的教师对待反馈的态度而定。

• 我相信,如果教师愿意反思、接受反馈、听取积极的观摩意见、接受建议和意见,那么反馈同样重要。

当被问及他们是否认为反馈是关注学生学习的,将近60%的校领导回答"有时候",40%回答"是"(见图6-2)。

回答:58人　忽略:0人

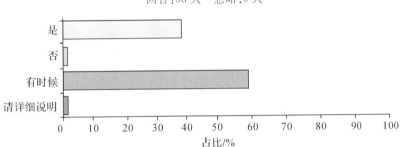

图 6-2　我提供的反馈关注学生学习

当被问及观摩过程中什么是最大的障碍,几乎所有的回答是"时间",尽管几乎一半的校长都有副校长协助工作(见图6-3)。

回答:57人　忽略:1人

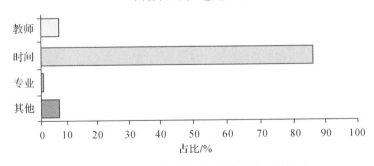

图 6-3　我认为什么是观摩过程中最大的阻碍

这些结果揭示出更大的问题,就是在对待有效性反馈方面存在断层,校长认为反馈有效,教师认为反馈是无效的。

校长可在教师观摩后的正式交流上做改进。不是一个人滔滔不绝,而是展开两位专业人士之间的专业对话。费夫尔和罗宾逊(Deidre M. Le Fevre & Viviane Robinson, 2014)发现:

> 总的来说,校长们在对话中展示的交流能力一直处于中低水平。基本上,校长们更善于捍卫他们自己的地位,而不是在理解家长或教师观点的层面进行深入探究或核实。(p. 1)

这样的情况就是旁观者、协商者和制定者做的表面工作。旁观者轻易地接受对话,缺乏深度;协商者会在对话中操控对方,使他/她接受协商者的观点;对于制定者,他/她直接终止对话,告诉教师他们哪里错了。观摩需要的是合作型领导,他们随着对话的深入向对方学习。

下面的博文展示了校领导如何向教师提供有效的反馈。

领导者:你的教师观摩是积极的还是消极的?

彼得·德威特

2015 年 3 月 29 日

blogs.edweek.org

如果你当过老师,你会记得教师观摩的流程:可能是先收到通知,你需要设定目标,然后是 45 分钟的观摩展示,最后到校长办公室谈话。

很多次,这些观摩最后的反馈收效甚微。

未提前通知的观摩也变得受欢迎。观摩并不是要"抓你个现行",而是要观察到教师和学生的自然状态。校长走进教室,停留一段时间,之后教师收到校长的观察反馈。最好的情况是:教师、校长面对面就观摩进行"讨论"。最糟糕的情况是:在校长办公室里教师没有与校长交流,只收到一张听课反馈表。

不论事先是否通知,观摩结束后教师才能倍感轻松。

问责策略导致教师观摩的重要性日益增大。不幸的是,虽然观摩是与标准评分相关的,但这并不意味着他们给教师提供了更多的反馈。通常观摩被认为是走个形式,而不是正确实施的活动。

当我说"正确"的时候,我不是指那些拙劣的、由上至下的、揪住弱点不放的观摩,也不是指那些校长甚至可能并没有留意课堂的褒扬。

你的观摩值得吗?

有很多次,我发现一些教师,他们没有通过教师观摩学到新的东西。原因有很多,有的校长从未教授过该门学科所以无法提供专业化建议(就算提供了也是错的),有的校长太繁忙而无法实施有效观摩,这跟无效的问责策略或不良的时间管理有关。

教师观摩有两种类型:一种是消极型,另一种是积极型。我们知道消极型的教师观摩是什么样的。教师极尽展示,校长坐在最后排做了 45 分钟笔记。当观摩结束时间的闹钟一响,校长起身去下一个课堂或者回办公室。

观摩最有效的方式是做一个积极的观察者。校长要像教学督导(Instructional Coach,IC)一样。为什么呢?因为教学督导与校长在进行课堂观摩的时候策略是不一样的。教学督导专家吉姆·奈特(Jim Knight,2008)认为:

"教学督导与教师合作,帮助他们将具备研究基础的教学实践结合到教学中。他们是高明的交流者或者说关系构建者,具备优秀的交流技巧来移情、聆听、建立信任。教学督导同样鼓励和支持教师对课堂教学的反馈。因此,他们能熟练地分解教师的目标,并设计方案来实现这些以提高教学为核心的目标。"

这就是校长处理观摩过程的方式。教师们要能够知道哪些做得好,哪些需要打磨,哪些需要改进。像教学督导一般设计观摩的过程,就能提供有效的反馈,促进下一步的学习。

> 教学督导同样鼓励和支持教师对课堂教学的反馈。因此,他们能熟练地分解教师的目标,并设计方案来实现这些以提高教学为核心的目标。(Jim Knight,2008)

教学督导和教师商议共同目标,就这个目标讨论学习表现。教学督导找到资源,不以评价作为目标,而是教导、指导和引导教师,但他们也在过程中实现学习、拓宽思想。

在教学督导的过程中,不仅仅是教师向督导学习,督导反过来也向教师学习,这就是校长应该执行的过程。对待任何一个观摩,我们都要将其看成是获得学习的机会,而不是一个需完成的任务。

校园氛围

校长无法一夜之间改变过程。建立积极的和包容的校园氛围,需要有冒险精神。要在教师会议中开展有效反馈的针对性讨论,这样就能让所有人都能正确理解。有时候反馈有些刺耳让人不悦,但反馈的意义就在于促进学习。

我们中太多人会抱怨自己的校长,认为观摩无非是做表面文章,缺乏实质性结果。只有校长转变了,教师们才不会封闭课堂。或者认为观摩缺乏学习性。

成为一个积极的观摩者,像教学督导那样对待观摩,就能打破以往对校长的陈旧印象,让形象焕然一新。像教学督导一样进行课堂观摩,获得的效果远远比一年两次的例行公事大得多。这就像是建立共同的愿景、理解学生的实际状态,以及全年开展多维度的交流。

注意事项:
- 观摩报告会在教室而不是校长办公室召开。
- 你对学校的愿景是什么?老师们知道吗?学生呢?家长呢?
- 利用教师会议讨论课堂观摩和教师反馈,与教师会谈时以学习为核心。
- 你可能知道反馈是什么,但你在管理教师时用到了吗?
- 观摩前与观摩后,你是提问还是说话?

提高课堂观摩效率的一个途径,可以是校长和教师参与合作对话,围绕课堂有效手段、教师授课情况以及(教师和管理者)通过合作方式创造专业机会,就提升学生课内和校内的学习品质展开讨论。

建立共同的目标充满着"复杂简化",这个词是由学者迈克尔·富兰创

造的。富兰和奎恩(Fullan & Quinn, 2015)认为"复杂简化"(simplexity)
就是：

> 领导者确定一个复杂问题中的几个关键因素,这是简化。之后在
> 充满压力、政治和人性的现实行动中,让这些因素融合起来,这是复杂。
> (p.127)

在教师观摩中,领导者和教师共同明确一个个人目标。目标,依照吉姆·
奈特的研究,应关注学生学习或者教师教学,最好由教师选择并通过与领导
者的交流再改进。一旦目标确定后,领导者进入课堂,完成基于证据的观摩
任务,提供与目标相关的证据反馈。领导者自问"教师是否达成目标"以及
"我可以提供什么证据帮助教师理解他们是否达成了目标"。在观摩后的交
流环节,提供反馈指出可改进方面,并与教师共同制订行动计划。之后再找
一个时间回到教师的课堂,检验教师是否达成了教学目标,这点非常重要。

合作型领导

在正式观摩前确立目标能够为课堂考察提供依据,同样也能让反馈有
效。在观摩后的讨论环节中,要询问教师哪些环节是期待校长特别关
注的。

对于规模大、配备副校长的学校:以年级或教研组为单位进行教师观
摩,这样可以避免观察流于表面。有时候可用"分类减肥法"实施观摩,因
为目标太多。将任务分配给副校长,可以"减轻负担",让校长有更多的时
间提供有效反馈。

建议:如果你处在管理层团队,那么需要腾出时间与管理团队讨论完
成了的观摩考察。就每位管理层在课堂中的观察结果,讨论课堂内发生了
什么形式的学习活动,哪些教师的特长可以在全体教师中共享(教师集体
效能),以及哪些教师需要特别指导以获得改进。

吉姆·奈特(2007)建立了教学指导的循环,教师和督导建立共同的目
标,以这个目标为基础参与学习(比如找到资源、合作教学、建构课程等)和
提升执行力。

以奈特的非评价性教学督导环路为参考，进行领导力水平评估，需要采取以下步骤(见图 6-4)：

- 建立共同目标。
- 以目标为中心进行观察(收集证据)，提供有效反馈。
- 参与观摩后会谈，提供反馈和真实的对话，明确下一步改进措施。
- 教师和领导者找到资源支持改进措施。
- 领导者返回课堂收集改进的证据。

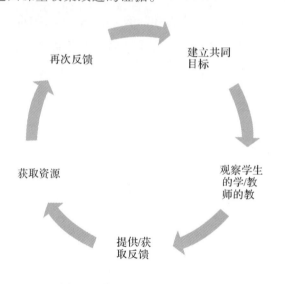

图 6-4　合作型教师领导力循环

反馈是教学和领导中最重要的领域之一。教师能提供有效反馈的时候，学生就能获得更深层次的学习体验。除此之外，校长提供有效反馈的时候，教师就能获得更深层次的学习体验。同样的，除了提供有效反馈外，领导者利用来自家长和社区的反馈信息，也能达到提升学生学习和教师教学的效果。有时候，这样的反馈是消极否定的。消极的反馈非常棘手，因为领导者必须理解反馈的个人因素。反馈无论是领导者提供给教师和学生的，或者社区提供给领导者的，合作型领导者应该同时考虑到接收、应对反馈所采用的方式，从而促成积极的校园氛围和学习共同体的建设。

6. 办学故事——新型合作

丽莎·米德校长,科林斯中学(Collins High School)

科林斯,纽约

由于前任校长因肺移植失败而去世,我于 2012—2013 年接任学校校长职务,其间经历了千辛万苦。每个职位都面临挑战,但是如此受人尊敬的任职 16 年的校长留下的空缺,实在很难填补。在他那两次在医院与病魔斗争的时间里,学校情况很不稳定,而那之前学校工作一直有条不紊地进行着。

更令人头疼的是,我被告知担任初中校长以及特殊教育部主任,就是一个人同时担任两个全职的工作。我曾经在 K-12 学生服务主任职位上如鱼得水,但校长一职完全是在我的舒适区之外的。

2012 年 6 月,学校通知初中部,我将于秋季接任校长职务。教职工投入了一年多的努力以期让学校正常运行,而现在却发现他们竟然无权选择自己的领导者。学区里的教师将面临重新调配,我一直奋力游说学区督导保留这些教师。尽管我在这方面并没有丰富的经验,但是有一个声音告诉我,这里需要我,我也很想为此努力。

作为新的领导者,我知道有很多亟待处理的任务:观摩、反馈、教学、规划、文化、纪律等。尽管要做的事情很多,但是文化建设是我的首要任务。文化就是校园常态、社会情绪和通用语言的整体情境,氛围就是学生、家长和教师对我们设定的情境的感受。

反思过去的三年时间,我发现一些重要的行动步骤可以帮助提升校园文化。

参与领导团队建设——我接到任命通知的时候,立刻会见了管理团队,了解学校哪些工作是当务之急。我真诚寻求坦诚的反馈,所以领导团队也明确他们的任务是在他们自己的团队中讨论并收集所有反馈,包括积极的和消极的。我们必须排除琐碎和累赘才能前进。

设计学生行为过程——在我被任命之前,学校就承诺实施积极行为干预和支持项目(Positive Behavioral Interventions and Supports, PBIS),我很高兴这个承诺得以坚持。这个过程包括了会议和暑期教师培训材料的准备,材料围绕的是"师生期待"。新学期一开始,我们向教师提供一些专业化发展的材料,并任命一支 PBIS 团队实施管理。每年的年初有两至三天,我们将详细信息告知学生。所以全年就能致力于教学期待和创新庆祝。

远不止可见——每天的上学放学都是与学生交流的时刻。击掌或者道一声"早上好"都很管用,就算是孩子们装作若无其事的时候。课间在走廊上,是可以与学生交流的另一个时刻。我从我办公室离开去餐厅,和学生一起用餐。这很好,因为我坐下来之后,学生就会过来和我一起坐,他们总是这样。

起初,他们很惊讶,想校长怎么会在餐厅吃午餐,但是这样的疑虑最终还是被打消了。就像德威特说的,我们要做的不仅仅是可见。我们需要听课,也需要和学生坐在一起互动。让他们向你介绍学习的进展很重要。

听取正式的和非正式的反馈——当我和学生交流的时候,我问他们学校和学习的情况。你们在学什么? 为什么很重要? 你的看法是什么? 同时也可以通过学生问卷调查和圆桌会议获得正式的反馈。

庆祝——寄给家长亲手写的鼓励文字。要多一些! 使用推特、脸书和博客分享学生影像和你对他们的看法。

7. 认知、建构、激励

认知

• 并非每个人都能正确认识反馈。利用教师会议学习并讨论约翰·哈蒂在《教育领导力》期刊中发表的有效反馈文献。

• 家长对教育有不同的视角,这是基于他们曾经作为学生的经历而非作为家长的经历。了解这一点并听取家长们的反馈。

建构

• 在教师观摩活动后,努力提供一则有效反馈。可以用"一个闪光点、一个潜力点和一个疏忽点"的策略。

• 讨论家长、教师或学生时,强调和建构听取反馈的意义,无论反馈是否不近人情。不要因为家长的投诉而抱怨,因为那样就会给教师和职工造成一种不尊重诚实反馈的印象。相反,可以问一些像"为什么他/她有这种想法"的问题。

激励

• 使用反馈问卷调查,向家长、教师或学生收集学校变革的信息。根据反馈信息,关注其中一个领域进行重点提升。思索一下,短期内就能出效果!

8.问题与讨论

• 你是否向师生提供有效反馈? 你怎么知道反馈是有效的?

• 你如何保证正式的听课过程能够激发你和听课教师双方开展新的学习?

• 你是否在听课过程中与不同学生交流,确保他们参与了学习?

• 当你收到职工的负面反馈的时候,你怎么处理? 你如何继续改进?

第七章 家庭参与 (0.49)

1. 家庭参与的培养

很多情况下,对教育者来说,家庭参与就是家长应该支持教师的期待,这是非常片面的。家庭参与不应该仅仅是确保满足学校的需求。家庭参与是教师和家长为了学生建立的合作关系。

> 家庭参与是教师和家长为了学生建立的合作关系。

从全美家庭社区连接学校中心(National Center for Family and Community Connections with Schools)的《新的一波证据》(*A New Wave of Evidence*,Henderson & Mapp,2002)中,我们得知:

当学校、家庭和社区团体合作支持学习的时候,孩子在学校的表现更好,在校时间更长,对学校的喜爱度更高。

报告进一步指出:

当父母与学生讨论学校情况,鼓励他们再接再厉,帮他们做好升学规划,确保他们参加有意义的课外活动的时候,孩子们能在学校学得更好。当学校以促进学生学习为目标,运用多种策略发动家庭参与的时候,学生就能创造更大的成就。当学校与家庭建立联系,能够回应家庭的担忧并表彰他们的贡献的时候,就更能成功地维系家校联系,促进学生学业水平的提高。研究表明,当家庭和社区替表现不佳的学校承担责任的时候,学区会在政策、时间和资源上做出积极的变革。(p.8)

家长对学校社区的重要性不言而喻。在哈佛家庭研究项目（Harvard Family Research Project）的元分析研究中，威廉·杰文斯（William H. Jevens）发现家庭参与的效应值高。杰文斯（Jevens，2005）写道：

> 全体学生中，家庭参与度高的孩子的学业水平平均得分高于家庭参与度低的孩子。家庭参与度高的学生的总体教育成果、评分和学术成就平均值比一般的高出 0.5 到 0.6。换句话说，家庭参与度高的学生的学业成就或得分远高于家庭参与度低的学生。（p.1）

杰文斯发现最大效应量值出现的时候，家长期待值普遍较高。高期待家长的孩子的学术成就比低期待或无期待家长的孩子的学术成就高。该成果支持哈蒂对学生自我期待和教师对学生期待的研究结论。

创造并维持积极的家校关系并非易事，合作型领导要了解家长的情况，找到家长参与学生学习的策略并施加激励，充分理解家庭在孩子生命中扮演的各种角色。

2. 为何家庭参与的难度大?

在有些学校里，部分家庭比其他家庭更重要，并不是所有教师和领导者都乐于接受这种多样性的。但这样的现象与日俱增，无法避免。美国统计局（Lofquist，2011）普查数据显示 2010 年全美同性伴侣超过 594000 对。普查也同时显示全美有超过 420 万个双种族的家庭（Saulney，2011）。此外，美国退休人员协会（American Association of Retired Persons，AARP）报道，超过 580 万名儿童与祖父母共同居住。家庭中除了原生物理具有多样性之外，养育风格也具有多样性，即并不是所有的家长用同一个方式养育子女。领导者和教师必须认识到，尽管养育方式不同，但并不意味着这就是错误的。这个国家的家庭一直在变化，教育者应该随之改变。

我们能做的一个改变就是建造更积极、更包容的校园氛围，将家长参与作为办学的积极因素而非难题来对待。这并不是为了保持政治立场的正确，而是为了在对待具有不同背景的孩子的时候运用更加全面的观点。家庭参与就是要能理解,哪些孩子是与父母、祖父母、叔叔或阿姨一起生活的,并且不会因家庭结构差异而引发理解差异。合作型领导努力理解学生的家庭,并成为家长或监护人和教师之间的协调者。

合作型领导鼓励家庭进入学校,甚至欢迎他们跟校长们讲不中听的话,这是领导的合作策略之一。就像我在第三章中谈到的情感账户(Convey, 1989)一样,合作型领导知道他们要与家长建立联系。史蒂芬·康士坦丁(Steven Constantino, 2015)写道:

> 部分家庭有这样的观点,他们不具备快捷通畅地获得学校信息的渠道。家长觉得当孩子在学校出了状况,教师就会责备他们,所以不愿意参与学校活动。这些家庭认为教师只会报忧不报喜,总是等事情闹得不可开交了才联系家长。(p.29)

合作型领导分析这些家庭的担忧类型,要将以往"学校是教师的主权地、家庭是家长的主权地"这个陈旧的家校理念改变。

家庭应该待在信息流通圈内。学校改革必须要保障家长的知情权,不以家长应该支持学校为核心,而是以支持家庭参与的策略为核心,来交流学生的学习。

向家长分享学校秘密

彼得·德威特

2015 年 2 月 22 日

blogs.edweek.org

让我们先来谈谈两个普遍障碍。

家长不愿参加学校活动——也许他们成长过程中的学校经历很艰难。也许当我们希望他们参与有关教育交流的时候,他们会因为听不明白那些专有名词而产生胁迫感。我们是否可以再尝试一次对话?是否可以像斯蒂芬·柯文那样引导家长,尝试进一步去理解?

家长视我们为儿童看护——这个现象的确存在,也许他们只是重复自己父母辈的经历,继续扮演相同的角色罢了。也许,他们并没有看到教育的重要性，或者他们并没有展示出来，因为他们在教育过程中逐渐丧失了希望。

学校教师总是与家长保持着一种有趣的关系。我们不可能爱所有的家长，对吗？但有很多次，学校老师和领导者希望邀请家长来学校参加开放日、家长会、音乐会和家长教师协会的活动，而并不希望家长在想要来交流棘手问题的时候前来。

很多家长和教师间有积极的关系，我们需要找到创新方式促进这样的关系，翻转领导行为、召开全员大会都是很好的策略。但是我们也会遇到不愿意参与的家长，所以我们必须采取行动。很多家长不满地离开，是因为感觉我们似乎不关心他们或者他们的孩子。

当信息被如此复杂化的时候，我们就丧失了大好机会。

受欢迎的家长

我们也许会否认，但学校里确实存在一类现象，就是一些家长很受欢迎，或者至少其他家长是这么认为的。我们要面对这样的现实：对那些日常支持我们的，或者让我们的生活变得更简单的家长们，我们往往会区别对待。

当我还是校长的时候，我总是有一支了不起的家长教师协会，协会规模并不大但是能量无穷。遗憾的是，其他一些家长不经常参与，认为这是一个封闭排外的团队。另外，协会成员分享内部笑话，经常参与的家长总坐在一起……这些都向外宣告着我们是精英，我们不需要帮助。

虽然我们不会这么想，但家长会这么想。就像在高中，总能参加学校活动的家长，或百忙之中抽空才能参加活动的家长，都被认为是受欢迎的。我们要花很大的努力才能改变这个观念。

这就意味着我要花费额外的时间，比如校车到校的时候与不熟悉的家长交流。这就意味着唐娜——我们的秘书，要赶很多路去拜访不定期参加学校活动的家庭，让家长感到自己受欢迎。这就意味着我推特专业学习网络（PLN）中的那些优秀的校长和教师，需要额外的努力，每天与那些不愿意参与的家长们联系与交流。

这意味着我们不能因为家长没能如我们所愿地参加学校活动而对他们随意评价，因为我们并不知道在家庭内发生的事情。

学校的秘密

校领导和教师尽最大的努力与家长联系，有的是通过有意思的活动，有的是通过像家长会那样以成绩单和学分报告单为主的活动。但是，像这样的学习指向的活动，并不能充分调动家长的积极性。我们不希望总是使用教育的语言，但是同样不想特地使用非教育语言来讨好家长，这就需要平衡。

底线是，当我们在课内和校内发起变革的时候，我们必须要确定家长们也是变革方程中的变量。举个例子，我们当中有一些运用约翰·哈蒂"可见的学习"的理论培训学校的培训师，与来自肯塔基的教育者团队合作，在博灵格林会议中心就"可见的学习"重要因素展开了对话交流。

我们讨论如何发展，提出家长关注发展过程的重要性。比如，在设立学习目标和成就标准方面，如果家长知道详情就能在家支持这项工作。

如果学校实施教学督导（IC）的活动，家长也应知情。如果得知教师不仅开放课堂还与专家一起合作，家长们将多么开心。详细解释教学督导活动，帮助家长了解学校的变化，帮助教师教学不断精进。

对于媒体夸大学校的懒惰，我们要奋起反抗，这太违背事实了！

斯塔尔·萨克斯坦（Starr Sackstein）和马克·巴恩斯（Mark Barns）为了向学生提供有效反馈进行了"无分数改革"。有效的反馈重视成长而不仅仅是学业成绩。家长需要明白为什么在这些课上分数不见了。他们需要知道有效反馈的形式以及为何反馈重于分数。

我们的朋友克里斯蒂娜·卢斯（Christina Luce），纽约州利物浦的三年级教师，她的推特页面里会展示学校全天的学习动态。家长能够知道学习情况，也能够与孩子在晚饭时候更好地讨论学习。

像克里斯蒂娜·卢斯一样，我们要让家长知道学校的秘密。

结语

在学校尝试新方法、新变革的时候,我们会认为有些是家长没有必要知道的,但是现实是那些恰恰是家长应该清楚的,我们应该让家长知道。如此一来,家长能够成为孩子们的最有力支持者,他们知晓了学校的秘密,就能了解他们初为学生时与现在的变化。

与家庭交流教学内容的时候,要尽量少使用教育术语或缩写。

校领导和教师需要让家长知道课内的动态,绝不能用教育理论术语把家长置于圈外。有多少次,特殊教育会议中有 12 名学区指派的专家而只有 1 名家长出席?如果我去看医生,一个人面对 12 名医生,我肯定感到受威胁。如果我去保养车,一个人面对 12 名维修工,那我肯定更难受。合作型领导要感知家长需求,不能用高人一等的口吻交流。

全美家长教师协会(National PTA)开发出学校与家长、家庭交流的六项标准。

标准 1:欢迎所有家庭进入学校。

标准 2:有效的交流。

标准 3:支持学生成功。

标准 4:为每位学生发声。

标准 5:共享权利。

标准 6:与社区合作。

3.我们如何与家长交流

一天晚上,我的一个朋友克里斯发来消息向我求助,以完成他二年级外孙女的数学作业。他很沮丧,说他真的很讨厌核心标准(Common Core State Standard,CCSS)。我想知道的是克里斯是否真的痛恨核心标准。核心标准代表什么?他外孙女做的是什么家庭作业?还是因为没有人花时间跟他解释新的解题策略?克里斯对核心标准的反应就像纽约州其他家庭一样。正因为学校没有彻底解释核心标准，家长面对课程时就会产生极大的挫败感。家长们纷纷有了相同的问题，就会导致他们普遍认为整件事情是在浪费时间。

如果共同核心标准在学区内进展顺利，学校是否就可以高枕无忧了？别急着下结论。除了核心标准之外，思考学校里其他失败的活动，我们能学到很多。学校如果能以家长熟悉的方式向家长解释，这些创新举措就能成功吗？在创新的前期能够获得家长支持吗？让家长参与并不意味着寄送五颜六色的报纸，分享一些已结束的学习日期和活动时刻。合作型领导通过向家长提供在愿景、课程改革和学生话语权方面的重要信息，让家长成为影响学生学习的重要因素。通过分享学校与学区各种成功的合作方式，合作型领导欢迎家长的参与。作为校长，我所采用的一个策略是翻转家校联系。

4. 翻转家校联系

第五章所介绍的翻转教师会议，目的是帮助教师深入探究某一特定的教育主题。看到了翻转教师会议的成功经验后，我决定对一部分家校联系实施翻转。我所担心的是，与教师一样，我与家庭的联系可能过度关注日程安排而非实质内容。教育中发生的各种变化，好坏兼有，翻转联系为家长提供了解动态的机会。

2012 年，我正在筹备开放日活动，向家长发送了一个视频，里面介绍了一学年内他们有必要知道的学校重要事件，比如活动期间的停车区域，校车接送时间，家长教师协会，州共同核心标准，以及《所有学生尊严法案》(Dignity for All Students Act, DASA)。我把我自己对这些话题的了解录了下来，结合图片，并且解释了翻转联系的意义。

我通过家校终端向家长和监护人发送了视频链接之后，吃惊地收到了大量的积极反馈。为什么？因为有很多家长和监护人因工作原因无法参与学校活动，他们想要并且需要知道学校的情况。视频的浏览量达到了几百次。

开放日当晚，与以往一样，体育馆人头攒动，只剩下站脚的位置。然而，不寻常的是因为看到了视频的信息,我们得以对核心课程和霸凌两个主题进行了充分的讨论。我后来也听到很多家长说喜欢这种翻转的策略。下面展示的是其他形式的翻转家校联系策略。

翻转家校联系

家长教师协会(PTA)——在家长教师协会会议前发送会议相关的议题。如果议题有吸引力,就能让更多的家长参与会议。

特别的活动——使用翻转模式发送5分钟的简短视频,介绍活动情况。可以是"无考试周""祖父母和特别人物日"或者"不点名周"等。

州测评——有时候家长不明白让学生准时到校参加州测评或考试持续时间信息的重要性。你可以发送介绍性视频,解释考试时间、考试持续时间和当日的次数,以及孩子参与的重要性,能提升家长合作(也可以提升考试成绩)。

任何教育问题——现实就是家长和监护人需要知道教育的动态。不论是就州共同核心标准的指导,或者新的反霸凌法案如纽约州的《所有学生尊严法案》,还是加州的FAIR教育法案,或是我们在教室里使用交互白板展开讨论,学校的创新如果得到了家长的支持就能获得更大的成功。发送他们需求的信息,用简单易消化的形式进而实施翻转模式。

智能手机和各种技术手段让我们有更多的方式与家长和监护人联系,也让他们与我们联系。无论是面对面的交谈,还是通过邮件或报纸通讯,每次与家庭之间的交流都至关重要,因为通过行动和话语,我们代表了学校和学区。所有家庭都有权力看到我们在学生身上使用了工具和资源。在与家长和监护人的交流中,使用这些工具是再好不过的。翻转家校联系仅仅是我们如何共享教学实践的一个方式。翻转不是要取代其他与家长交流的形式,而是强化已经在使用的其他交流方式。

5.合作策略

正如与教师要合作,合作型领导也需要与家长合作。由吉姆·奈特开发的 7 条合作原则对邀请家长成为学校合伙人具有指导意义。

合作原则(Knight,2011)

平等——合作不是自上而下的。所有成员都是平等的。合作型领导要让所有家长和监护人一进入学校就能感受到平等。一旦家长认为校领导摆出权威的架子,他们就会走神、咒骂甚至逃离。

- 与家长或监护人在图书馆见面而非办公室。
- 为保护对话私密性而与家长在办公室见面时,双方至少在茶几的同一侧而不是领导者坐在办公桌后面。

选择——学校里实施"开门政策"。家长应该知道他们无论如何都是受欢迎的。

- 每个月开展家长喝咖啡活动,这样家长就能来学校,并能与其他家长交流。
- 如果家长和监护人出现问题,不到万不得已不能让他们等待。可能一下子无法提供所有解决方案,但至少可以给他们诉说的时间。

声音——像学生、教师和校领导一样,家庭也应该在学校社区中发出自己的声音。

- 如果可以,邀请一些与你观点相悖的家长或监护人,让他们成为校长顾问委员会或校董团队的成员。
- 翻转家校的交流模式,并提供反馈的渠道。这很简单,只需要每次交流后提供你的电子邮件地址即可。
- 邀请家长参加问卷调研,每月一次或者一年数次。能根据问卷反馈的信息做出一定的改变,对无法改变的方面做好解释工作。

反思——提醒家长和监护人,提供他们反思考虑的时间。比如,在家长教师委员会会议结尾时,提出有关课程的问题,给家庭思考的时间,并在下次会议中回复。

• 在家长会前寄送成绩单,供家长反思。不要在会议前 5 分钟发成绩单,并期待家长的提问。

• 在每月通讯中添加问题,让家长参与。

对话——每次校领导与家庭对话都是为情感账户存款。少说多听,与家长或监护人开展真实的对话。

• 别打断。听,真正地听他们的心声。

实践——让家长有机会主持家长教师协会会议或者校董会议,在这些平台上提问以及开展理论实践联系。如果你希望家庭参与关于标准和课程的对话,可以确定几个晚上的活动,让家长和孩子到校开展专题课程学习。比如:

• 数学之夜。

• STEM(Science, Technology, Engineering and Mathematics)之夜。

• 科学展会。

• 发现日。

• 学习之夜:让我们关注学习!

互惠——每个人都应该花时间互相学习。奈特认为:"我们期待获取,正如我们期待给予一样。"有一个校长曾说过,每天家长让孩子们精神抖擞地来到学校,我们应该尊重他们。无论家长和监护人是什么身份或从事什么职业,都要给他们应有的尊重,他们也会给予你同样的尊重。

我碰到过一些情况,教师或领导者对待家长并不友好,部分家长对待学校的态度也是如此。有一次我听到两名教师在教师休息室里的对话,其中一位教师对家长并不友好。我唯一能说的是如果他们并不喜欢家长在棒球场上谈论教师,那么他们就应该谨慎采取说话方式,就算地点是在教师休息室里。如果我们把家长当作合作伙伴,或许我们更应该专注的是换位思考而不是纯粹的批判或者抱怨。

一位朋友曾经说过,每个人至少都有一个可以分享秘密或者抱怨的对象,很多人可能不止一个这样的对象。社交媒体自然而然地提供了能在无数人跟前抱怨的平台。我们要意识到当我们消极地讨论某个人的时候,那个人就会告诉朋友，这样的对话就会在社区里散播开来。好比电话游戏，我们所说的可能会因为人际传递产生意义的扭曲。而意义变化了的文字，是让人际关系变得更友好包容，还是让人更无动于衷？

无论我们喜欢与否，语言都非常重要，只要和家长有关的语言文字，就是代表了学校甚至学区的形象。我曾经告诉学生，他们外出实践的时候，参加活动的人不会知道他们是哪个班级的，但肯定知道他们是校车送来的。我们的表现一定程度上代表了学校。我们代表学校的方式是否让学校其他人感到骄傲呢？我们在学校是否表现为学生的好伙伴呢？

在社交媒体上，领导者和教师也同样代表了学校。你使用脸书的时候并不会完全脱离工作。社交媒体改变了我们交流的方式，人们可以从推特或脸书上知道你的工作地点。他人可以用手机截屏，将你在小小朋友圈内的信息传递给全世界。文字传播的速度比以往任何时候都更快，坏消息也如此。甚至你只是在社交媒体上发布了受争议的个人生活动态，也会对你所在的学校产生负面影响。无论你和谁交流，交流什么，都要努力营造有责任感的伙伴形象，言行举止能让你的同事、学生和学校社区感到骄傲。另一个让学校骄傲的方式可以是传递对学校工作的赞扬。成为良好的学校伙伴是积极打造学校品牌的另一个策略。

6. 打造学校品牌

通过社交媒体向社区传递信息和推广学校，称为品牌宣传。对合作型领导而言，拥抱品牌的观点非常重要。可惜的是，有太多领导者不希望使用社交媒体，这阻碍了品牌加速传播的过程。乔尔·加涅(Joel Gagne, 2012)认为校领导应使用社交媒体的原因有三个：交流、公共关系和品牌。交流是指学校采用的典型的沟通方式如通讯刊物或网站。公共关系体现了学校引导家长和社区成员对教育动态进行正面理解的观念，因为社会上存在很多对公共教育的负面报道。最后一个原因——品牌，品牌近几年来对学校非常重要。

打造学校的品牌与人们对学校的期待丝毫无差。就像麦当劳、必胜客、百事可乐和成千上万其他公司努力让公众认同某些具体的产品特征并购买产品一样,学校要努力让公众认同特定的特征,无论是创新、卓越、勤奋或团队合作。就像产品需要包装,学校也需要知道如何包装自己。

托尼·希纳尼斯和乔·圣菲利波(Tony Sinanis & Joe Sanfelippo, 2014)认为:

> 品牌,尽管这个词源于"商业世界",却恰恰是我们学校今天所需要的。媒体上对公共教育有太多的痛斥,认为公共教育并不如教育者(学区督导、学科教师、专家或学习带头人)说得那样理想。但我们仍旧对学校发展有话语权。既然我们能够掌控学校动态,也了解很多了不起的技术、手段和在开展的项目,那么我们就要传递这个信息。让我们打造学校的品牌,让我们燃起观念,让我们创造现实。(pp.8-9)

打造学校品牌有一些简单的方式。联合学校的特色(话题、吉祥物、口号、颜色)是关键,这样一来每次有人看到那个标志或口号就能立刻想起学校(积极的层面)。在推特上设计一个官方话题号,如♯PESPenguins(波士顿科尔小学吉祥物)或者其他学校可以有♯GoCrickets(打板球),然后把话题主题印在T恤、背包、笔记本、便签贴和其他学校商品上。这样做的目的是为了创造社区感和学校精神,因此品牌要让人有好感(这里的品牌指学校)。话题、周边商品、标志、网站和社交媒体都能促进学校品牌的建立。

• **标志**——在校内开展学生校标设计比赛。也可以请销售公司设计校标。学生比赛能够体现校领导对学生的重视。

• **网站**——确保官网上显示标志。再三请求,学校的共同愿景中应包含学习,并且要将共同愿景放在主页显眼的位置。

• **社交媒体**——教学领导者要让学校加入社交媒体。推特是必需的!每一条发送的推文必须含有学校话题。那么无论何时,只要有人关注话题,所有正面的推文就能出现。领导者掌握门道之后,使用推特就会容易多了。

如果校长真的希望成为合作型领导,他们需要找到创新的方式让社区参与进来。但很多时候这种参与只是单方面的。学校告诉家庭他们需要知道的信息,而"需要知道的信息"无法帮助家校对接。合作型领导要告别旧模式,促使学校社区的所有人开展真实的对话,包括社交媒体的使用。

我们不能把脑袋埋在沙子里,忽视社交媒体的影响力。坦率地说,有的学校校长使用社交媒体,但有的学校校长和学区督导并没有使用。人们看到有的学校开展真正的交流,而有的学校并没有。

学校和所有利益相关者建立伙伴关系很重要。面对正在开展的新课程或新标准,家长希望帮助孩子但却手足无措。高风险测试是大众热议的话题,部分家长让孩子参加测试,另外有成千上万的家长选择退出。这些都对学校社区产生巨大的影响。合作型领导需要关注核心愿景,让这样的信息传递出去,告诉公众,学校师生每天都在学习。

合作型领导与家庭一起努力,鼓励家庭真实参与,开展面对面谈话,或利用社交媒体进行翻转沟通和品牌传递,倾听每个人的声音。所有参与者唯有理解其中意义后,才能享受风雨后遇见彩虹的喜悦和成就。

7.办学故事——高中阶段的家庭参与

萨拉·约翰逊校长,斯普纳高中(Spooner High School)

斯普纳,威斯康星

从小学到高中的系统性转变通常体现在家长在孩子教育中的参与程度降低。家校合作减少的原因有很多。除了学生随着年龄增长开始更加独立这个客观事实之外,似乎教育系统本身更频繁地向家长关闭了大门。与其说希望寻求家长志愿协助,高中教师更倾向于将家长关在门外。学校的传统是组织家长每学期参加一次志愿活动,具体日期在学期中由学校设定,并不是对所有家庭可行。

不幸的是,高中成为白天教育学生、事后联系家长的地方。我经常反思这样的趋势。为什么我们只在学生有学业问题或者行为表现问题的时候才联系家长?相反的,为什么来自家长的互动,大多数都是与评分、教师或督导行为,或者体育场上玩的时间不够有关的抱怨呢?

我经常问自己的一个很现实的问题就是如何让高中阶段的家长更好地

参与。我并没有神奇的答案，但也着实采用了一些策略强化参与度。坦白地说，有时候有的策略挺成功，交流变得通畅，但其他时候这些策略就很平淡。我相信关键还是在于继续保持尝试，让家长有机会进入校园并实现交流，尽管他们的孩子不希望家长来学校。

多维交流——通过各种方式多渠道地简单交流让家长获得相关信息。我使用学生管理系统，向家庭发送邮件，包括双月刊通讯。此外，我定期在系统中使用语音，让信息更人性化。在线就是与家庭交流的关键策略。我经常在推特页面更新并且提供一些在脸书和学校网站上的资讯。很多家长通过网站了解学校的公告，这是值得继续开展的管理实践。

关注学生——在通讯刊物里，我加入了学校事件的图片，并配有标题文字，标出即将进行的教育活动。我最近使用的一个工具叫 TouchCast，可用来编辑学校活动的短视频。比如，最近所有一年级学生在校外学习如何尊重他人，为此我拍摄了视频和照片。一小时内，我就编辑好了活动短视频，里面有预告片、结语和学生分享的环节。那一次，我获得了成为管理者以来，收到家长反馈最多的一次交流。

"重构"家长会——首先，我们安排家长使用在线安排表进行预约。家长能够选择互不冲突的时间与教师见面，教师也能得知他们与谁见面，并且做更好的准备。同样的，会议前，教师已经与家长有了有关孩子进步或表达担忧的交流，所以这个会议并不是首次会面。

接下来就是由教师主导，开展预约见面式和虚拟混合式家长会，针对教学和全校性事务开展交流。

个人电话——在问题出现前，个人电话是与家长建立信任关系的不二选择。当问题真正出现时，我的策略是开诚布公，寻求家长支持。谨记我们是拥护者，不是反对者。要让家长在无法避免的困境中与学校并肩战斗。

> 当问题真正出现时，我的策略是开诚布公，寻求家长支持。谨记我们是拥护者，不是反对者。要让家长与学校并肩战斗。

家长话语权——只要能够给家长话语权，就是成功的。比如，我们学校的管理团队在为修改第二年的行事历收集信息的阶段，就让家长参与到学习活动中,亮出他们的声音和观点,然后再进行决策。

任何管理者的最终目标就是让所有的利益相关者参与,并创造、培养其参与的意识和动力。不论在什么样的学习共同体中,管理者都能通过有意识的、多维度的交流手段关注学生,投入家校共建的工作中。

8.认知、建构、激励

认知

• 尽可能多地使用"家庭参与"而非"父母参与"的词语。这说明你了解家庭的实际情况,而不认为是简单的父母亲核心家庭。

建构

• 像对待伙伴一样对待家长们,而不是根据他们来学校的频率区别对待。

• 确保你所发送的家校沟通的照片代表了家长这一完整群体。作为主要监护人的祖父母、同性恋家长和其他类型的家长也同样重要。

激励

• 不要将通讯文字编辑成五页,一页就够了,可以加上"你知道吗?"这样有趣的话。将通讯刊物包装成"单门冰箱页"的形式,你会惊喜地发现小创意在促进家长阅读时发挥巨大功效。

• 为学校设立一个推特话题,避免重复。如蒙特利尔小学简朴生活(Montreal Elementary School Spartans),可试试♯MESSpartans 的缩写。

• 多找点方法让家庭参与学习对话,可以用一些我以前提到的"××之夜"的活动。

9.问题与讨论

• 你如何与家长沟通?

• 学校进行教学改革的时候,你如何与家长交流这些变革? 教师如何与家长交流课堂的变化?

• 家庭类型已经发生变化。你如何与教师讨论家庭类型发生着变化? 是否曾经与同性恋家庭或祖父母为主要抚养人的家庭开展过交流?

模式与利益相关者合作。合作型领导要展示出，领导力不仅是领导者个体的努力工作，还需要他与所有人的合作。

合作型领导要有过硬的心理素质。前进途中，无论何时我们都难免遭受挫折。当四面受阻的时候，要整合资源和智慧，采取必要措施坚持下去。

2.实施低谷期

领导者和教师尝试任何创新的时候，无论这种创新怎样伟大，都会遭遇低谷。事实上，迈克尔·富兰认为实施低谷期是成功学校的标志。你不可能不遭遇挫败就实现改变，你也不可能不尝试创新就能领导成功的学校。在《改变文化中的领导》(*Leading in a Culture of Change*, 2007)中，富兰写道：

> 所有成功的学校在发展过程中都会经历"实施低谷期"……实施低谷期的字面解释是在面临创新所带来的新技能和新知识需求时，个体在表现和自信方面产生的低潮。(p.40)

在遭遇不可避免的低谷后继续实施创新的关键就是，理解如何以及为何会产生低谷，同时采取产生最小破坏的措施从低谷中走出来。富兰(Fullan, 2007)认为低潮会产生两种问题：人们对变化产生恐惧；实施遭到阻碍，原因是缺乏继续变革的策略。因此，成功的领导者需要立即采取针对性的措施。他们怀有"道德目的紧迫感"，"对成就结果进行测量"，同时激励所有人继续参与改革。成功的变革领导者需要让职工齐心协力，其选择的行动路径是最能实现"组织持续发展"(p.41)的。

无论领导者打下多好的工作基础，想要成功，头几个月难免会磕磕碰碰，总会出现学习曲线。在《变革领导者》(*Change Leader*, 2011)一书中，富兰写道：

> 一旦我们把情况公开，很多人会立刻认识到这样的现象很正常，是每个人的必经之路。这个发现让领导者意识到在关键时期要注重教师能力建设。(p.66)

富兰(Fullan，2011)认为成功的变革领导者与不那么成功的领导者的区别是,有效领导者能够应用一些关键策略创造突破。一个例子是"将道德承诺融入改革",并对变革实施者(教师和学校社区)抱有同理心。坚定的承诺和同理心能够让成功领导者"找到解决困境的其他方法"(p.67)。

尽管低谷期难以避免,但还是要有应对措施将影响降到最小。成功的校领导义不容辞地在变革前做好充分的准备,预判可能出现的问题。正如之前提到的,准备工作应该涉及两个层面:所有人齐心协力和事前充分准备。这样你就具备了完成变革所需的所有知识和技能。

在进行重大变革的时候,至少有四个可预见的障碍要充分考虑:时间、理解、资源和人。以下是《实施期的四个障碍》(4 *Obstacles to Implementation*，DeWitt，2014e)的摘录:

• **时间**——当人们不想改变的时候,不会发现时间的影响力。我们可以在走廊上找到时间去抱怨,但是我们似乎在实施改变的时候缺乏时间。时间和教师的话语权密切相关。如果教师能在变革中有话语权,就更有可能腾出时间,成为变革的一分子。时间让教师参与变革规划。

• **理解**——为什么要变革?是不是经过了相当长时间的反复研讨,运用数据和研究做支撑?还是在大家毫无准备的情况下空降任务?让大家理解变革的必要性是关键,校长顾问委员会或者教师会议就是能很好地实现此项任务的平台,让教师分享思路和获得反馈。要确保利益相关者们理解改革的重要性,也要提供分享思路和获得反馈的平台。一旦获得授权,根据反馈调整方案,在获得内部支持的基础上,方案实施将更有效。

• **资源**——在没有合适的资源支持的情况下,领导者不能贸然尝试变革。这听起来很愚蠢,但是很多变革的确是在资源没到位或试用的情况下开展的。花时间进行最佳资源的研究,就是向其他学区的领导者和教师学习。这也让我们回到一开始讨论的时间因素。做好功课,让准备工作井井有条。

• **人**——领导者要知道能人善用。这就回到安迪·哈格里夫斯和丹尼斯·雪利对人力资源的关注。错误的人选会让整个团队全军覆没,就算其他人都是用对的。在学校里,领导者和教师中总会有部分人希望终止变革,不仅仅是像核心标准这样的变革。反对者到处都有,理由也很多,但是领导但电子校园促进了成员的友谊，他们在推特、脸书和对讲应用的手段下进行了深入的教育对话。

我有很多通过社交网络建立的人际关系。我们就教育展开深入讨论，齐心协力说出对高风险测试的担忧，在交流中成为朋友。

拥有专业学习网络是成为教学型领导的必要条件，可以拓展思维，互相鼓励，分享资源，将你的潜力最大化。无论是通过社交媒体、区域性网络还是学区网络，专业学习网络都能帮助领导者越过变革初的低谷期。

4. 绝不能让妥协、强制逾越合作

过去我和不同类型的领导者有过合作，其中有一位非常喜欢协商。在进入会议之前他就明确自己所想，巧妙地掌控会议并让所有人达成（他的）共识。这位领导者并不坏，他只不过应用了他所接受的领导力培训方式，他只是疲于等待所有人的共识。我忍不住想，如果我们所有人事先就知道方案，结果会不会更好，这也能让与会者少一些被操纵感。

我也曾经遇到经常管制教师的校长。她会轮流检查教师的课堂教案，让我们向她说明在备课期间做了什么。有一次我忘记准时上交教案，就跑上楼梯交给她。我正要道歉，她却看也没看就把教案还给了我，并告诉我她从来不看我的，因为我的总是很棒。那我为什么还要上交呢？这是因为她的领导行为是权威和管制式的。尽管这件事情已经过去十年了，我仍对那一刻心存鄙夷。不应如此待人，尤其是对待教师，这样的做法显得很渺小。

部分教学型领导后来进入了管理层。教学型领导，无论男性还是女性，都有自己作为校长或者教学督导的领导方式。他们积极寻找策略，帮助所有利益相关者；他们讲究领导艺术，既有服务他人的思维模式，又能实施教学督导，找到盲点，实现公平，捍卫边缘群体的权力。

我也遇到很多管理型领导。在我以前的共事者中间，有些管理者认为教师会议属于他们的管辖范围，不需要其他人插手。他们的主要工作就是承担问责，为他人的行为买单。有些管理者的工作风格是讨好家长，而不是展示个人魅力或人格。他们很可能无法与学生展开真实的对话；相反，他们只是问孩子不学习的时候应该在哪里,只对纪律问题感兴趣。

合作型领导是学生和家长的道德模范而非畏惧的对象,是与学生、教师、家长互动的人,是会犯错、不护短并向他人学习的人。领导者需要具备更多这样的品质!

在这个问责的时代,我们需要更多校长关注全人教育、捍卫所有学生的各方面发展,包括那些处于边缘地带的孩子。合作型领导每天的进步,是源于评价和反思他们的实践,而不是不管利益相关者的立场或支持而盲目推进。

所以,问题就在于:我们如何知道合作型领导力产生效果?哈蒂的研究对本书很有引领作用。不仅是我对哈蒂个人有着无比的崇拜,而且我很有幸与他共事,参与了他做的教育领域史上最大的研究。他的研究是本书的基础。我学到的其中一个是"知道你的影响力"。我们作为领导者,需要知道如何工作。我们是否对学习产生影响?我们是否创造了与学生、教师和家庭的联系,一起走过艰难的时期,让行动的指针摆动起来,让我们变得更好?

作为合作型领导,我们需要知道我们的言语和做法对他人的影响。评价校园氛围,或评价最近的成功实践或创新举措,调查问卷是收集反馈、检验工作情况的很好的工具。在实施任何新的干预之前,比如翻转,都要做好预测试,了解全校教师的实际认知情况,或通过教师会议专业化发展水平。如果问卷结果反馈你在交流方面需要改进(在问卷里问了与"如何"有关的问题),或者教师会议没有产生新的教师学习机会,那你就要干预。这不仅表明你阅读、反思、采纳了教师的建议,还说明你想要采取行动。

之前的两年里,我有幸向约翰·哈蒂、吉姆·奈特、罗素·格里亚,还有很多很多其他人学习。对领导力怀有无比尊敬的同时,我也注意到领导力发展的不均衡。有人认为领导者对此不在意,或者至少看起来不在意。也有的认为领导者墨守成规、重复犯错。希望这本书拓宽领导领域,为大家提供一些其他的方案。

5. 问题与讨论

- 你如何前行?
- 你的个人目标是什么?
- 你如何与教师共同构建目标?

参考文献

AARP. *Grand facts. State fact sheets for grandparents and other relatives raising children.* American Association for Retired Persons, 2011. http: //www. aarp. org /relationships /friends-family /grandfacts-sheets /.

Armstrong, P. (n. d.). *Bloom's Taxonomy.* https: //cft. vanderbilt. edu /guides-sub-pages /blooms-taxonomy /.

Ashton, P. T. , Webb, R. B. *Making a difference: Teachers' sense of efficacy and student achievement.* New York, NY: Longman, 1986.

Ashton, P. T. , Webb, R. B. , Doda, N. *A study of teacher's sense of efficacy: Final report to the National Institute of Education, executive summary.* Gainesville: University of Florida, 1983.

Bandura, A. *Self-efficacy: The exercise of control.* New York, NY: W. H. Freeman, 1997.

Biggs, J. (n. d.). *SOLO taxonomy.* http: //www. johnbiggs. com. au / academic /solo-taxonomy /.

Biggs, J. , Collis, K. *Evaluating the quality of learning: the SOLO taxonomy.* New York, NY: Academic Press, 1982.

Bloom, B. (Ed.). *Taxonomy of educational objectives: Book 1 cognitive domain.* White Plains, NY: Longman, 1956.

Bolman, L. G. , Deal, T. E. *Reframing organizations: Artistry, choice & leadership* (5th ed.) San Francisco, CA: Jossey-Bass, 2013.

Brinson, D. , Steiner, L. *Building collective efficacy: How leaders inspire teachers to achieve*. Washington, DC: The Center for Comprehensive School Reform and Improvement, 2007.

Clarke, S. Formative assessment: The right question at the right time (Web log post). *Finding Common Ground*, 2015-05-08. http://blogs. edweek. org/edweek/finding _ common _ ground/2015/05/formative _ assessment_the_right_question_at_the_right_time. html.

Cognition Education. *Visible learning research hub*, 2015. http://visiblelearningplus. com/content/visible-learning-research-hub.

Cohen, J. , Lopez, D. , Savage, J. , Faster, D. *School climate guide for district policymakers and educational leaders*. New York, NY: National School Climate Center, 2015.

Constantino, S. *Engage every family: Five simple principles*. Thousand Oaks, CA: Corwin, 2016.

Covey, S. *The 7 habits of highly effective people*. New York, NY: Simon & Schuster, 1989.

Danielson, C. Framing discussions about teaching. *Educational Leadership*, 2016, 72(9):39-41.

DeWitt, P. Our words matter (Web log post). *Finding Common Ground*, 2011a (2011-10-02). http://blogs. edweek. org/edweek/finding _ common_ground/2011/10/our_words_matter. html.

DeWitt, P. Why educators should join Twitter (Web log post). *Finding Common Ground*, 2011b(2011-11-02). http://blogs. edweek. org/edweek/finding_ common_ ground/2011/11/why _ educators_ should_ join_ twitter. html.

DeWitt, P. Relationships Matter (Web log post). *Finding Common Ground*, 2012a (2012-04-01). http://blogs. edweek. org/edweek/finding _ common_ground/2012/04/relationships_matter. html.

DeWitt, P. The flipped faculty meeting (Weblog post). *Finding Common Ground*, 2012b(2012-09-02). http://blogs. edweek. org/edweek/

finding_common_ground /2012 /09 /the_flipped_faculty_meeting. html.

DeWitt, P. Does your school climate focus on learning? (Web log post). *Finding Common Ground*, 2012c (2012-12-13). http：//blogs. edweek. org /edweek /finding_common_ground /2013 /12 /does_your_school_ climate_focus_on_learning. html.

DeWitt, P. Why would anyone want to be a school leader? (Web log post). *Finding Common Ground*. Education Week, 2013a (2013-03-24). http：//blogs. edweek. org /edweek /finding_common_ground /2013 /03 /why _would_anyone_want_to_be_a_school_leader. html.

DeWitt, P. Take a risk... Flip your parent communication (Web log post). *Finding Common Ground*, 2013b (2013-07-07). http：//blogs. edweek. org /edweek /finding_common_ground /2013 /07 /take_a_risk_flip_ your_parent_communication. html.

DeWitt, P. Why schools should care about John Hattie's visible learning (Web log post). *Finding Common Ground*, 2013c (2013-08-30). http：//blogs. edweek. org /edweek /finding_common_ground /2013 /08 /why _should_schools_care_about_john_hatties_visible_learning. html.

DeWitt, P. *Flipping leadership doesn't mean reinventing the wheel* (Connected Educators Series). Thousand Oaks, CA：Corwin, 2014a.

DeWitt, P. What's our best taxonomy? Bloom's or SOLO? (Web log post). *Finding Common Ground*, 2014b (2014-02-28). http：//blogs. edweek. org /edweek /finding_common_ground /2014 /02 /whats_our_best_ taxonomy_blooms_or_solo. html.

DeWitt, P. High noon：The showdown over testing (Web log post). *Finding Common Ground*, 2014c (2014-04-02). http：//blogs. edweek. org / edweek /finding_common_ground /2015 /04 /high_noon_the_showdown_over _high_stakes_testing. html.

DeWitt, P. 5 reasons schools need instructional coaches (Web log post). *Finding Common Ground*, 2014d (2014-11-05). http：//blogs.

edweek. org /edweek /finding _ common _ ground /2014 /11 /5 _ reasons _ we _ need_instructional_coaches. html.

DeWitt, P. 4 obstacles to implementation (Web log post). *Finding Common Ground*, 2014e(2014-11-09). http://blogs. edweek. org /edweek / finding_common_ground /2014 /11 /4_obstacles_to_implementation. html.

DeWitt, P. It's time to stop ignoring data (Web log post). *Finding Common Ground*, 2015a(2015-01-08). http://blogs. edweek. org /edweek / finding_common_ground /2015 /01 /its_time_to_stop_ignoring_data. html.

DeWitt, P. Letting parents in on the secret of school (Web log post). *Finding Common Ground*, 2015b(2015-02-22). http://blogs. edweek. org / edweek /finding_ common _ ground /2015 /02 /letting _ parents _ in _ on _ the _ secret_of_school. html.

DeWitt, P. What if you had 5 minutes to inspire a teacher? (Web log post). *Finding Common Ground*, 2015c (2015-03-12). http://blogs. edweek. org /edweek /finding_common_ground /2015 /03 /what_if_you_only_ had_5_minutes_to_inspire_a_teacher. html.

DeWitt, P. Teacher voice: 8 Conditions that are harder than you think (Web log post). *Finding Common Ground*, 2015d (2015-03-24). http:// blogs. edweek. org /edweek /finding _ common _ ground /2015 /03 /teacher _ voice_8_conditions_that_are_harder_than_you_think. html.

DeWitt, P. Leaders: Are your teacher observations active or passive? (Web log post). *Finding Common Ground*, 2015e (2015-03-29). http:// blogs. edweek. org /edweek /finding_common_ground /2015 /03 /leaders_are_ your_teacher_observations_active_or_passive. html.

DeWitt, P. 3 reasons why faculty meetings are a waste of time (Web log post). *Finding Common Ground*, 2015f (2015-04-10). http://blogs. edweek. org /edweek /finding _ common _ ground /2015 /04 /3 _ reasons _ why _ faculty_meetings_are_a_waste_of_time. html.

DeWitt, P. John Hattie's 10th mindframe for learning (Web log post).

Finding Common Ground, 2015g(2015-10-20). http：//blogs. edweek. org/ edweek /finding_common_ground /2015 /10 /hatties_10th_mindframe_for_ learning. html.

DeWitt, P. Why we need to talk about evidence (Web log post). *Finding Common Ground*, 2016a(2016-01-10). http：//blogs. edweek. org/ edweek /finding_common_ground /2016 /01 /why_we_need_to_talk_about_ evidence. html.

DeWitt, P. Why leaders should attend teacher trainings (Web log post). *Finding Common Ground*, 2016b (2016-01-17). http：//blogs. edweek. org /edweek /finding_common_ground /2016 /01 /why_do_leaders_ should_attend_teacher_trainings. html.

DeWitt, P., Hattie, J. A. C. Flipped leadership is collaborative leadership (Web log post). *Finding Common Ground*, 2015-11-06. http：// blogs. edweek. org /edweek /finding_common_ground /2015 /11 /flipping_and _the_cycle_of_collaborative_leadership. html.

DeWitt, P., Moccia, J. Surviving a school closing. *Educational Leadership*, 2011-05,68(8):54-57. Alexandria, VA：ASCD.

DeWitt, P., Slade, S. *School climate change：How do I build a positive environment for learning*? Alexandria, VA：ASCD,2014.

Donohoo, J. *Collaborative inquiry for educators：A facilitator's guide to school improvement*. Thousand Oaks, CA：Corwin,2013.

Donohoo, J., Velasco, M. *The transformative power of collaborative inquiry：Realizing change in schools and classrooms*. Thousand Oaks, CA：Corwin,2016.

Eells, R. Meta-analysis of the relationship between collective teacher efficacy and student achievement (Doctoral dissertation). *Dissertations*, 2011: 133. http：//ecommons. luc. edu /luc_diss /133.

Ferriter, B. What if you flipped your faculty meetings? (Web log post). *The Tempered Radical*, 2012-07-07. http：//blog. williamferriter.

com /? s=＋What＋if＋you＋flipped＋your＋faculty＋meetings.

Fullan, M. *Leading in a culture of change*. San Francisco, CA：Jossey-Bass,2007.

Fullan, M. *Change leader：Learning to do what matters most*. San Francisco, CA：Jossey-Bass,2011.

Fullan, M. *The principal：Three keys to maximizing impact*. San Francisco, CA：Jossey-Bass,2014.

Fullan, M. , Quinn, J. *Coherence：The right drivers in action for schools, districts, and systems*. Thousand Oaks, CA：Corwin,2015.

Gagne, J. *Why school leaders must embrace social media now*, 2012. http：//www. forbes. com /sites /dorieclark /2012 /08 /23 /why-public-school-leaders-must-embrace-social-media-now /.

Goddard, R. D. , Hoy, W. K. , Woolfolk Hoy, A. Collective teacher efficacy：Its meaning, measure, and impact on student achievement. *American Educational Research Journal*, 2000,37(2):479-507.

Hargreaves, A. , Shirley, D. *The global fourth way：The quest for educational excellence*. Thousand Oaks, CA：Corwin,2012.

Hattie, J. A. C. *Visible learning*. London, England：Routledge,2009.

Hattie, J. A. C. *Visible learning for teachers：Maximizing impact on learning*. London, England：Routledge,2012a.

Hattie, J. A. C. Know thy impact. *Educational Leadership*, 2012 (70):18-23.

Hattie, J. A. C. *What doesn't work in education：The politics of distraction*. London, England：Pearson,2015a.

Hattie, J. A. C. *What works best in education：The politics of collaborative expertise*. London, England：Pearson,2015b.

Henderson, A. T. , Mapp, K. L. *A new wave of evidence：The impact of school, family, and community connections on student* achievement. Austin, TX: The National Center for Family and Community Connections with Schools, 2002.

Hook, P. (n. d.). *SOLO taxonomy versus Bloom's Taxonomy*. http://pamhook. com/wiki/SOLO _ Taxonomy _ versus _ Bloom%27s _ Taxonomy.

James-Ward, C., Fisher, D., Frey, N., Lapp, D. *Using data to focus instructional improvement*. Arlington, VA: ASCD, 2013.

Jeyens, W. H. *Parental involvement and student achievement*: *A meta-analysis*. Cambridge. MA: Harvard Family Research Project, 2005. http://www. hfrp. org/publications-resources/browse-our-publications/parental-involvement-and-student-achievement-a-meta-analysis.

Jones, B. R. *The focus model*: *Systematic school improvement for all schools*. Thousand Oaks, CA: Corwin, 2014.

Knight, J. *Instructional coaching*: *A partnership approach to improving instruction*. Thousand Oaks, CA: Corwin, 2007.

Knight, J. (Ed.). *Coaching*: *Approaches & perspectives*. Thousand Oaks, CA: Corwin, 2008.

Knight, J. *Unmistakable impact*: *A partnership approach for dramatically improving instruction*. Thousand Oaks, CA: Corwin, 2011.

Knight, J. *High-impact instruction*: *A framework for great teaching*. Thousand Oaks, CA: Corwin, 2013.

Le Fevre, D. M., Robinson, V. M. J. The interpersonal challenges of instructional leadership: Principals' effectiveness in conversations about performance issues. *Educational Administration Quarterly*, 2014(4): 1-38. doi:10. 1177/0013161X13518218.

Littky, D. (with Grabelle, S.). *The big picture*: *Education is everyone's business*. Alexandria, VA: ASCD, 2004.

Lofquist, D. *Same-sex couple households*. Washington, DC: U. S. Census Bureau, 2011.

National Parent Teacher Association. *National standards for family-school partnerships*, 2015. http://www. pta. org/programs/content. cfm? ItemNumber＝3126.

National School Climate Center. *School Climate*, 2014. https:// schoolclimate. org/climate.

Quaglia, R. J. , Corso, M. J. *Student voice: The instrument of change*. Thousand Oaks, CA: Corwin,2014a.

Quaglia, R. J. , Corso, M. J. Student voice: Pump it up. *Principal Leadership*. Reston, VA: National Association of Secondary School Principals,2014b.

Quaglia Institute of Student Aspirations. *Teacher voice report* 2010-2014. Thousand Oaks, CA: Corwin,2015.

Rath, T. , & Conchie, B. *Strengths based leadership: Great leaders, teams and why people follow*. New York, NY: Gallup Press,2008.

Robinson, V. *Student-centered leadership*. San Francisco, CA: Jossey-Bass,2011.

Robinson, V. , Lloyd, Clair A. , Rowe, Kenneth J. *The Impact of Leadership on Student Outcomes: An Analysis of the Differential Effects of Leadership Types*. University of Auckland, New Zealand.

Saulney, S. Census data presents rise in multiracial population of youths. *The New York Times*,2011. http://www. nytimes. com/2011/03/ 25/us/25race. html? _r＝0.

Scharmer, C. O. *The blind spot of leadership: Presencing as a social technology of freedom*. Habilitation Thesis,2003.

School Leaders Network. *Churn: The high cost of principal turnover*, 2014. http://connectleadsucceed. org/sites/default/files/ principal_turnover_cost. pdf.

Sinanis, T. , Sanfelippo, J. *The power of branding: Telling your school's story*. (Connected Educators Series). Thousand Oaks, CA: Corwin,2014.

Sinek, S. *Start with why*: *How great leaders inspire everyone to take action*. New York, NY: Penguin,2009.

Sparks, S. *Survey suggests social-emotional learning has staked a claim in schools* (Web log post),2015-07-01. http://blogs. edweek. org/edweek/inside-school-research/2015/06/social_and_emotional_learning. html.

Stewart, W. Leave research to the academics, John Hattie tells teachers. *TES Connect*. London, England,2015. https://www. tes. com/news/school-news/breaking-news/leave-research-academics-john-hattie-tells-teachers Teacher Voice Report-http://www. tvaic. org/docs/TeacherVoiceReport. pdf.

Thapa, A. , Cohen, J. , Higgins-D'Alessandro, A. , Guffey, S. *School climate research summary*: *August* 2012. New York, NY: National School Climate Center,2012.

Timperley, H. , Wilson, A. , Barrar, H. , Fung, I. *Teacher professional learning and development*: *Best evidence synthesis iteration*. Wellington, New Zealand: Ministry of Education,2007.

Tschannen-Moran, M. , & Gareis, C. R. Principals, trust, and cultivating vibrant schools. *Societies*, 2015,5(2):256-276.

Welcome, A. Why your whole staff should be on Twitter. *Finding Common Ground*, 2014-10-12. http://blogs. edweek. org/edweek/finding_common_ground/2014/10/why_your_whole_staff_should_be_on_twitter. html.

Welcome, A. , Durham, K. , Kloczko, J. , Saibel, E. Leaders: Get out of your office! *Finding Common Ground*, 2014-09-07. http://blogs. edweek. org/edweek/finding_common_ground/2014/09/Leaders_get_out_of_your_office. html.

Whitaker, T. *What great principals do differently*: *Fifteen things that matter most*. Larchmont, NY: Eye on Education,2003.

Wiggins, G. Seven keys to effective feedback. *Instructional Leadership*, 2012,70(1):10-16.

后　记

罗素·格里亚

　　第一天成为管理者的情景历历在目：我走进学校，告诉自己营造合作的、支持的校园氛围的重要性。我相信，如果我明确地和职工说明目标，我们就可以"合作"，一起实现"我"的观点、采纳"我"的建议……一切都是基于"我"的价值观和"我"对于事物的态度。而事实上，我所定义的"合作"和彼得的定义的唯一共同之处只是字面上的！在我早期的管理经历中，我不太会公开交流，也没有建立合作环境。我的控制欲很强，常通过"在他人支持下做我所想"的领导技巧来进行合作。在实践和历练之后，我找到了差别，我希望读者读完本书后，可以从明天开始做正确的事情（合作）。

　　《合作型领导力：影响最大的六个因素》让我对过去几年里逐渐意识到的教育的核心真理有了更大的信心：我们创造的教育学习共同体，必须基于信任和责任，而非测试和问责，而今天的学校却太专注于后者。彼得提供了一个打破当今思维的框架，促进我们反思，使我们认识到现在的教育实践有所不妥。必须要认识到这种不妥感就是进步的机会，这有助于真正促进所有利益相关者的成长与合作。彼得让我们对自己和周围人有了更高的期待——合作，并在所有利益相关者努力实现共同目标的过程中，持续不断地建构信任和责任。

　　在过去的30多年里，和同学、教师、校长共事的经历告诉我合作不仅仅是一起做事情，有效的合作基于听和学。听是关键的第一步，不仅仅是简单地听别人讲话，而是要有所准备，具备开放的心态，真正地产生对他人思考和观点的兴趣。听不仅仅是有礼貌，真正的价值在于对所听有所悟。成功的"领导者声音"是来自这样的关键信念,即你周围的人有很多值得学习之处。

彼得的"认知、建构、激励"模型对听和学的重要性做了很好的展示。他明确指出合作不是消极行为,不可能自发产生。相反,在有意识的努力下,反思个人行为,互相学习,用一种全员认可的方式共同领导,这样合作才能产生。

促生合作文化对学校的成功至关重要,在进行下一步之前,领导者必须关注上下级的现状。格里亚学院的数据表明只有48%的教师认为自己学校的交流有效。这个结果可能很令你吃惊,但也是事实。你会发现只有59%的教师能直抒己见,只有60%的教师声称学校管理层愿意向教师学习。如果领导者要成为有效合作者,那么他们要认识到倾听的重要性,要开展不一样的学习,即用一种学校所有利益相关者都信任和回应的方式。

有远见的领导者和合作者,并不是互相排斥的,实际上,后者强化前者。领导者通过合作和设立共同目标,激发所有利益相关者的积极性。如彼得清晰地阐述了领导者应如何面对时时刻刻的挑战,决定何时协商、制定。或有时候,做一个旁观者。尽管情境差异会要求领导者调整决策,但能达成潜在一致的前提是他们乐于合作,从而确保整个学校和其中的每个人都获得成长。

我们的数据证明了这个重要性:

当校领导被认为是乐于倾听和向教师学习的时候,教师能用3倍的努力达成目标。

当校领导花精力去真正理解和感激教师的时候,教师能发挥6倍的创造能力。

当教师们有话语权的时候,他们对职业的未来具有4倍的兴奋度。

彼得在书中有富于智慧的阐述:作为领导者反思你是"谁",你如何与其他人合作创造重大的意义。是什么让你认知、倾听和向他人学习。你做了什么让周围的人知道你信任他们,并且重视他们的思想和贡献。你如何让你的教师知道你对现状永不知足。你用怎样的具体方式建构你同舟共济的承诺。最后,你是否激励所有利益相关者(包括你自己)持续不断的进步。

本书集合了彼得作为校领导和合作者的珍贵人生经验,也同样突出了他与一些伟大教育思想家的合作。像约翰·哈蒂和吉姆·奈特,促成了合作型领导模型的诞生,以鼓励所有人反思我们的现状、我们这样做的原因,以及我们如何改进。

当学校领导者关注学校生存力而非办学活力的时候,合作型领导对我们的行动力有了更高的要求。尽管信任和责任是最重要因素,但教育体系中测试和问责仍占据主宰地位。你如何打破这个循环?通过了解每个人的潜力并尊敬他们。通过成为一个既有远见又有合作能力的领导者,一个与所有利益相关者合作的领导者,让共享愿景成为现实。我们都是合作的一员,是时候那么做了。

彼得自己也是其认知、建构和激励模型的实例。感谢你,彼得,融会出这个模型,也感谢你促使我们所有人反思并真正理解教育的目的。你启动了所有人的智慧——用合作的方式。